JN084546

Comment pensent les Français ?

フランス語の発想

日本語の発想との比較を通して

春木仁孝・岩男考哲

Un éclairage du japonais.

まえがき

この本はフランス語を柱にして、日本語とも比較対照しながら言葉の面白さを知ってもらいたいという思いで書いた本です。ですからフランス語についての本であると同時に、フランス語を一例とした言葉についての本でもあります。

世界には数千もの言葉が存在しています。しかしどのような言葉であれ人間が使っている言葉なので、それぞれの言葉の様々な姿の底にあるものは人間共通のものだと言うことができます。ただ可能なしくみのどの範囲を使っているのか、またどのような組み合わせで使っているのか、さらにはどのしくみを重要視しているのかなどがそれぞれの言葉によって異なっているのです。さらにはそれらを形として表わす場合にもいくつかの可能性があり、どのような表わし方を採用しているのかというところから、言葉の多様性というものが結果として存在しているわけです。以上のような違いから出てくるそれぞれの言葉の特徴を、それぞれの言葉の発想法というように呼びたいと思います。

この本ではフランス語の発想法を日本語の発想法とも比較しながら、言葉のしくみのありようを考えていきます。この本を読むことで、フランス語はこういう発想法を持っている言葉であり、世界には日本語とは違ってこういう特徴を持っている言葉もあるのだと知っていただきたいのです。フランス語は英語とは親類関係にありますので、語順や単語の形、文法のしくみなどに英語と似ているところもいろいろとありますが、英語にはない特徴もたくさん持っています。また一方で、表現のしくみこそ違え、日本語の発想法に近い発想法もフランス語には存在しているのです。

この本の構成について少し説明しておきます。フランス語を知らない人にも読んでいただけるように、フランス語の例には多くの場合、直訳調の英語訳を付けてあります。フランス語を知らなくても、言葉に興味があれば読んでいただけるようにフランス語の例についてもできるだけ説明を多くしてありますし、また常に日本語ではどうかということを考えながら説明をしています。各章でもフランス語と対比しながらできるだけ日本語についても触れていますが、数章ごとに日本語ではどうなのかということを一緒に考えていただけるように、日本語の研究者である岩男考哲氏による「日本語からのふりかえり」というパートがもうけてあります。それとは別に各章の最後にやはり岩男氏により「考えよう」というタイトルで、その章で取り上げられている問題に関連して主として日本語についての課題が添えられていますので、是非挑戦してみてください。

また必要な場合には章の最後に用語の説明や、理解の助けになるようなコラム欄をもうけました。

巻末にはフランス語を知らない人には少し煩雑、あるいは難しいと思われて本文には載せなかった用例や関連事項の説明がまとめてあります。

なお、フランス語の現象については網羅的に文法規則を説明しているわけではありませんので、気になる方は随時文法書などで確認をお願いします。

さて、一言で言ってこの本は大変欲張りな本だと言えます。多少ともフランス語を知っている方々には、今まで意識していなかったかもしれないフランス語の特徴の一端を知っていただくことで、さらにフランス語の力を伸ばしていただく助けになることが期待できます。また、現在フランス語を学習中の方達には、フランス語を習得することで見えてくる世界の面白さに触れることで、これからのフランス語学習が少しでも楽しくより興味深いものになることでしょう。またフランス語をほとんど、あるいは全く知らなくても言葉に興味のある方や日本語を勉強している方々には、フランス語と比較対照することで日本語という言葉を新たな視点で見直す機会になるでしょう。最後に、日本語が母語ではない読者やフランス語以外の言葉に堪能な方々は、自分の母語や他の言葉の発想法と比べることできっと新たな発見があることでしょう。

以上の様に、この本を読まれる皆さんの知識や興味のあり様でいろいろな読み方ができるようにできるだけ工夫をこらしたつもりですが、要するに言葉は面白いということを分かってもらいたいというのが著者達の願いです。

第1部の単語編では、日本語と比較しながらフランス語の単語が持っている特徴について考えていますので、こちらはフランス語を全く知らなくても英語などと比較しながら読んでいただけるでしょう。ものの名前と比喩についてのところでは、日本語の現象についてもいろいろと具体例を挙げて説明しました。またあるものを呼ぶのに日常的に複数の名前があるという言葉の多層性についても触れましたが、日本語でも「工場（こうじょう）」と「工場（こうば）」、「自動車」と「くるま」のように複数の呼び名があるものがありますので、そういう例と比べながら読んでいただければと思います。

第2部の文編では、フランス語の文を組み立てる時の大きな原理である「働きかけ」と「動」という性格を中心に、それらがどのように文のしくみの中に現われているのか、また逆にその「働きかけ」や「動」を消したい時にはどうするのかという観点からいくつかのトピックについて考えました。この部分はどうしても文の例が多くなるのでフランス語を全く知らない方には少し難しいかもしれませんが、英語訳を頼りに頑張って読んでいただくとフランス語らしい発想が見えてくると思います。第2部では先ずフランス語と日本語の発想の違っている点に焦点を当てた後に、フランス語の話し言葉の発想には意外と日本語的発想に近いものがあるという流れで話を進めています。

全体を通してこの本ではフランス語の話し言葉に焦点が当たっていることが多いのですが、それは生きた言葉としてのフランス語を通してこそフランス語の発想法が見えてくると考えるからです。フロベールやプルーストといった作家達の彫琢された書き言葉の見事さ・精妙さもフランス語の大きな魅力ですが、同時に20世紀から21世紀にまたがる現代のフランス語の話し言葉に見られる躍動感もまた私を惹きつけてやみません。本書では教科書だけでは見えてこないそんな生きたフランス語の面白さを少しでも伝えようとしたつもりです。

以上のような思いを持つ私ですが、本文では伝えたいことが多くてともすれば話に熱が入りすぎ、読者の皆さんはちょっと息切れすることもあるかもしれません。そんな時は（コーヒー好きの）岩男氏の「日本語からのふりかえり」でちょっとコーヒーブレイクを取ってもらうと、また頑張って次を読もうかという気になるのではないかと思います。

それでは豊かで楽しい言葉の海に勇気をもって漕ぎ出してください。

春木　仁孝

◎——目次

第２部　文編－フランス語の解きほぐし方

第１部

単語編

フランス語の単語の様々な顔

第1章

フランスパンとお箸

意味の抽象性と多義性

はじめに

今ではバゲットと言えば多くの人が「ああ、あの細長いフランスパンのことか」とすぐに分かると思います。フランス語ではbaguetteと書きます。この言葉を仏和辞書で引いてみると、多くの場合、先ず「細い棒」あるいは「つえ」といった意味が出ています。さらに辞書を見ていくと、もちろんフランスパンを意味する「バゲット」という訳語も出ています。つまりbaguetteという言葉は元々は「細い棒」というのがその意味なのです。最初は軍などで命令をする指揮官が持つ「指揮杖」などのことを指していましたが、そこから、妖精や魔法使いが魔法を使う時に振る「魔法のつえ」、さらにはオーケストラの指揮者が振る「指揮棒」へとその意味が拡張されていきました。それどころかbaguettesと複数形になると、われわれ東アジアの人間が食事をする時に用いる「お箸」のことも指すようになりました。このようにいくつかの異なる意味を持つ言葉を多義語と呼びます。

この章ではどうしてbaguetteというフランス語の単語が、フランスパンや魔法のつえ、あるいはお箸といった一見何の関係もないように思える異なる意味を持っているのか、つまり多義語と呼ばれる単語が持っているいくつかの意味

は互いにどのように関係し合っているのかということについて考えていきます。
また多義語の問題とも関連するのですが、比喩的に「AのようなB」というように物に名前を付ける時にフランス語では単にAと呼ぶことが多くあります。たとえば三日月の形をしているので三日月croissantのようなパンと言うつもりで、フランス語では単に「三日月」croissantと呼びます。それをカタカナで書いたのがクロワッサンですが、もし日本語に訳すとすると「三日月パン」でしょう。つまり日本語ではAのようなBと言いたい時には普通はABという形にします。メロンに似たパンはメロンパンですね。このような名付けの方法にもフランス語と日本語では違いがありますが、それについても見ていきます。

◎── フランス語には多義語が多い：名詞篇

最初に書きましたように、baguetteは元々は「細い棒」という意味で、そこから指揮官が持つ指揮杖、妖精や魔法使いの魔法のつえ、オーケストラの指揮者が振る指揮棒や打楽器のばちという意味もあり、そして今では日本人にもおなじみになった細長いフランスパンのバゲットのことを指し、さらには複数形でお箸のことも指しています。これらすべての意味に共通するのは、すべて細長い棒状のものという点です。一つの言葉がいくつかの意味を持つようになるプロセスにはいろいろありますが、baguetteの場合は形が似ている物に対して、元の領域とは別の領域で同じ言葉が用いられるようになって意味が広がっていったのです。軍の指揮杖、魔法のつえ、指揮者の指揮棒という意味の拡張においては、形だけでなく「細い棒」を振って何らかの力を行使するという働きにおいて似たものがあったことも意味の拡張に貢献しています。同じような意味の拡張は言葉においては頻繁に起こります。比較的最近に意味が拡張された例としてウイルスという言葉があります。人間や動物の身体の中に潜んで病気やいろいろな不都合な症状を引き起こすウイルスですが、それがコンピュータのシステムに潜んでコンピュータの障害やデータ流出などの不都合を引き起こす悪意のあるソフトを意味するようになり、その意味が十分定着したものになってウイルスに新しい意味が付け加わったわけです。
バゲットの話に戻りましょう。フランスパンのバゲットの意味はもちろん細い棒という形の類似による意味の拡張だったわけです。コラムにも書きましたが、フランスのバゲットは「細い棒」状です。こうして意味が拡張されたbaguetteという言葉が意味している、指揮杖、魔法のつえ、指揮棒、バゲット、お箸のすべてに共通しているのは既に述べたように「細長い棒状のもの」という意味です。これを図示すると次のようになります。

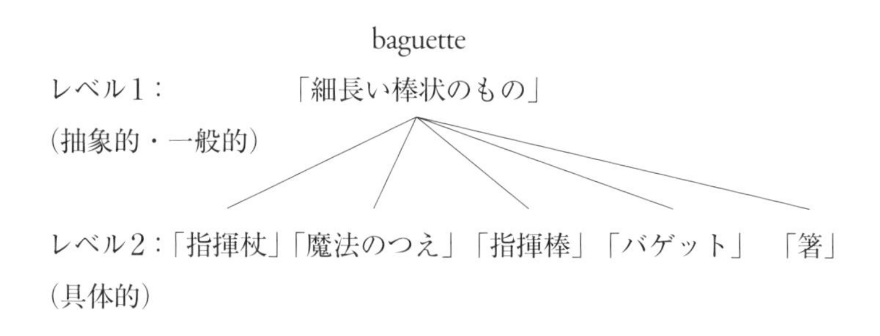

上の「細長い棒状のもの」というのはbaguetteという言葉の持つすべての意味に共通している抽象的な意味で、いわばbaguetteという名のすべての物に共通している性質です。この共通の意味を専門的にはスキーマと呼ぶので覚えておいてください。baguetteの様々な意味はこの共通の性質によりbaguetteという具体的な言葉に結びつけられているのです。上でbaguetteの意味の歴史的な変化、つまりその意味の拡張について見ましたが、この図は歴史的な変化とは関係なくいま現在のフランス語、ひいてはフランス語話者の頭の中でbaguetteという言葉の意味がどのように結びつけられているかを表わしています。共通の意味である「細長い棒状のもの」というのは、指揮棒やバゲットに比べるとかなり抽象的な意味になります。この抽象的な意味を出発点にして、baguetteが妖精物語とか音楽の話とか食事の話といった具体的な文脈の中で用いられることで、魔法のつえ、指揮棒、バゲットといったより具体的な意味を表わすようになるのです。いくつかの具体的な意味が抽象的な共通の性質によって一つの単語に結びつけられているというのは、フランス語の多くの単語を性格づける特徴だと言えます。つまり、フランス語の話者にとってはすべてbaguetteであるのに、日本語の話者にとっては少なくとも五つの日本語が必要でした。上の図でレベル1, 2と書きましたが、フランス語ではより抽象的なレベル（レベル1）の意味に一つの単語を当てることが多く、一方日本語ではより具体的な

意味のレベル（レベル2）のそれぞれに単語を当てていることが多いのです。

もちろん、現実には単語と意味の対応は複雑でいろいろな場合があります。当然のことですが、フランス語にもchat「猫」、chien「犬」、あるいはchaise「椅子」のように具体的な意味を表わす単語もたくさんあります。これらの場合のレベル1はそれぞれanimaux（mammifères）「（哺乳）動物」やmeuble「家具」となるでしょう。またレベル1をfleur「花」と考えるとレベル2はtulipe「チューリップ」、rose「バラ」のようになり、こういった場合は両言語ともどちらのレベルの意味もそれぞれ単語として表わされています。念のために付け加えておきますが、ここでレベル1、レベル2と呼んでいるのは個々の場合についての相対的なもので、レベル1は種類を表わすレベルというように一般化できるものではありません。理解を容易にするためにそれぞれの場合により抽象的なレベルをレベル1、より具体的なレベルをレベル2と呼んでいるだけです。ここで重要なのは、多義語の場合は複数の意味を結びつける抽象的な意味を表わすレベル1（スキーマ）を想定して意味のネットワークを理解する必要があるという点です。ある多義語が持つ意味のネットワークはbaguetteのところで書いたようなきれいな形になっている場合ばかりではありません。レベル2の特定の意味からレベル1の意味とは直接的には関係しない新たな意味が発展する場合もあります。そのような場合には局所的にもう一つ新たなレベルを立てて意味の拡張を考えなければいけないこともあります。（巻末の「フランス語の知識を深めましょう」の第1章関連のsortirを参照してください。）

◎—— フランス語には多義語が多い：動詞篇

今度は動詞の場合を考えてみましょう。フランス語学習の初期に習う動詞にpartirという動詞があります。このpartirの意味を多くの人は先ず「出発する」と覚えます。ところが意外と「出発する」と訳せる場合は多くないのです。日本語の「出発する」は旅行や、たとえ日帰りのお出かけでもしっかりと準備を整えて「さあ出発するぞ」のように用いられて、重要な行為をするニュアンスがあります。一方、フランス語のpartirはもう少し軽い意味でも使えるのです。たとえば授業が終わった時に先生が学生に向かって

Vous pouvez *partir* maintenant.（You may go now.）「もう帰っていいですよ」

のように言えます。あるいは夕方、会社に人が訪ねてきて「Aさん、まだいますか」と聞かれたら

Oh, il *est* déjà *parti*.（Oh, he has already left.）「あっ、彼もう帰りましたよ」

のように言えます。partirの意味がもう少し重みを持ってくると、たとえばしょんぼりしている人に「どうしたんだ」と尋ねると

Ma femme *est partie*.（My wife is gone.）「家内が出ていったんだ」

という答えが返ってくるかもしれません。また誰かが職場を退職する時にもpartirで表現することができます。さらには誰かが亡くなった時にも

Il *est parti* trop tôt.（He has passed away too early.）

「彼が亡くなるなんて早すぎるよ」

とpartirが使えます。スポーツでの「用意、ドン！」のドンや「始め！」もフランス語で言うならPartez !「スタート！」です。

人の行動に関する場合だけでなく地理的な配置を表わした

L'avenue des Champs-Elysées *part* de l'Arc de Triomphe.

（The avenue des Champs-Elysées starts from the Arc de Triomphe.）

「シャンゼリゼ通りは凱旋門から出ています」

のような使い方もあります。人の移動を表わすのが原義であればこれは比喩的な使い方になりますが、今では語義の一部として定着しています。これ以外にも機械が動き始めることや、弾丸や矢など飛ぶ物が発射されることも表わせます。それではこれらの語義に共通している意味は何でしょうか。日本語の「出発する」には目的地や目的が存在しているニュアンスがあります。つまり出発することはこれからの時間に向けての重要なイベントとして捉えられていることが多いと思われます。「再出発」などという言葉も、あらたにもう一度何かをこれからやり直すという重い意味があります。これに対して、フランス語のpartirの意味は「（今）いる／ある場所から離れる」というむしろ起点に目を向けた表現と言えます。ある場所から離れて起点であるその場所に存在しなくなるという点にすべての意味の共通点があります。比喩的には最初の状態ではなくなること、つまり動き始めると考えればいいわけです。baguetteの場合にならって図示してみると以下のようになるでしょう。ここでは主語が人なのか物なのかといった区別はせずに、簡略化した図にしています。

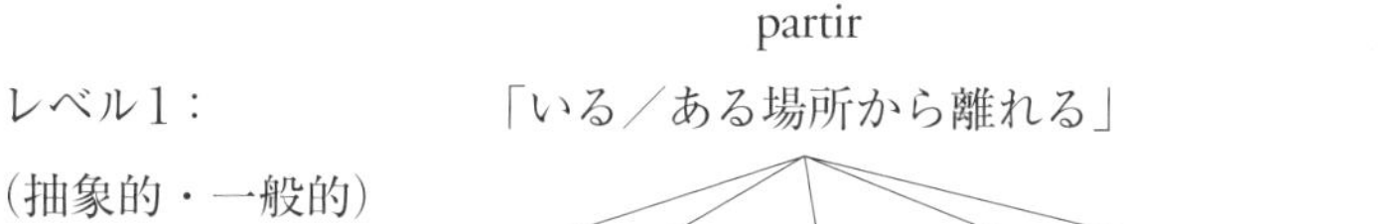

partir

レベル1：　「いる／ある場所から離れる」
（抽象的・一般的）

レベル2：「立ち去る」「帰る」「（別れて）出ていく」「退職する」「動き出す」
（具体的）

あえてレベル2に「出発する」を入れませんでしたが、もちろん「いつフランスへ出発するのですか」と尋ねられた時には、

Je *pars* après-demain.（I'm leaving the day after tomorrow.）「あさって出発です」と答えることはできますので、日本語訳でも「出発する」が使えるでしょう。ただ動詞の形で「出発する」が使えるのはpartirの例のごく一部です。たとえばpartirの未来形3人称単数の肯定と否定の形をつないだ*Partira, partira* pas ? という表現があります。（主語は省略されています。）この表現は「行くのか行かないのか」という意味で実際にたとえば旅行に行くのを迷っている時にも使えますが、むしろサッカーの有名な選手がチームをやめそうだという噂が立った時や、誰かが大臣を辞任しそうだというような時に「やめるのかやめないのか」という感じで新聞の見出しなどで使われることがよくあります。あるいは比喩的に何かをやるのかやらないのかという時にも使えます。X氏は大統領選に「出るのか出ないのか」（運動を開始するのかどうか）というぐあいです。

カフェやビストロで注文をするとウエイターが、C'est *parti* !と答えてくることがよくあります。partirの過去分詞を形容詞的に用いています。「承知しました」と訳せますが、あなたの注文は今、動き出したという感じでしょう。

partirの命令形はスポーツの「スタート！」にも使えましたが、日常生活ではpartirとその同義語、たとえばs'en aller、se casser、se barrerのいずれも命令形では「出発しろ」というよりは、むしろ「出て行け」「あっちへ行け」という意味で使われます。こういったことはpartirをレベル1に書いたような意味で理解していればすぐに納得できるでしょう。学習段階ではpartirを「出発する」と覚えても、その後は実例に出くわすたびにレベル2でふさわしい訳語を考えることでそこに共通している意味を抽出して、少しでもレベル1の意味に近づけていわばpartirの全体的なイメージをつかむ努力が必要です。この作業はフランス語の表現を理解する上において常に必要なことです。

◎── 具体的な日本語と抽象的なフランス語

名詞のbaguetteと動詞のpartirを例に、フランス語の単語が抽象的なレベルで考えられる共通点でつながっているいくつかの具体的な意味をカバーしているということを見ました。大きな傾向としてフランス語ではより抽象的なレベルの意味を持っていて、それぞれの状況で具体的な意味で用いられる単語、つまり多義語が多いということです。一方日本語には、それぞれの具体的な状況に即した具体的な意味の単語が多いのです。このことは言い換えると、フランス語では日本語などに比べると日常的に用いられる単語の数が相対的に少ないということになります。抽象的な概念を表わす抽象名詞だけでなく、日常的に用いられる単語に関してもより具体的（個別的）か、より抽象的（一般的）かという違いがあるのです。

ところで多義語が多いとコミュニケーションの現場で混乱しないだろうかという疑問が湧きます。でも心配は無用です。なぜかと言えば、ある語が用いられるのはそれぞれ具体的な状況においてだからです。つまり、例えばシンデレラの話の中でかぼちゃを馬車に変える場面でbaguetteと出てくればこれはもう魔法使いの魔法のつえのことでしょう。また日本料理や中華料理の話のおりに複数形でbaguettesと言えば、これは箸のことに決まっています。コンピュータに関連する話の中でウイルスと言えば、誰も病原体のことは考えないでしょう。つまり多義語は意味の決定（解釈）において発話の現場により依存しているのです。これは次節で見るappareilや巻末で取り上げるpièceの場合も同じです。このことをまとめると以下の図のようになります。

フランス語	状況X	状況Y	状況Z
語A（抽象的）	語A	語A	語A

日本語	状況X	状況Y	状況Z
語B, C, D（具体的）	語B	語C	語D

◎── 限定要素の省略

フランス語では一般的な意味を表わす単語に限定する要素を付けて何かを表わすことがよくあります。例えばappareil「機器」という語にphotographique「写真の」を付ければappareil photo(graphique)「カメラ」、téléphonique「電話の」を付ければappareil téléphonique「電話機」となりますが、日常的にはいずれもappareilと言うことが多いのです。

Qui est à l'appareil ? (Who is on the phone?)

「(誰がappareilに出ているのですか) →どちら様ですか」

と言えばこれは電話のことに決まっています。あるいはnumérique「デジタルの」という要素を付けてappareil numériqueと言えば「デジカメ」、つまりカメラのことになります。あるいは飛行機の機内アナウンスで

Notre appareil va bientôt atterrir. (Our plane is landing soon.)

「このappareilはまもなく着陸いたします」

と言えばこれはもちろん飛行機のことになります。

確かにいずれも一種の装置ですが、カメラも電話も飛行機も同じ語で表わしてしまうのがフランス語なのです。

このように限定する要素を言わなかったり省略することで結果的に多義語が多くなるというのは、フランス語が日本語と違って表現が分析的であることと相まって右展開の言語であるからだと思われます。つまり、フランス語では原則として名詞を限定する要素、つまり形容詞、前置詞句、そして関係節はそれらが限定する名詞の後ろ、つまり右側に来ます。従って基本となる一般的な語を言ったあとで、状況で分かると思えば限定する要素を言わないですませてしまえるわけです。また分析的というのは、たとえば英語であればcar accidentと名詞を重ねて言うところをフランス語ではaccident de voitureのように二つの名詞の関係を明示的に表わす前置詞でつなぐような表現方法のことです。もう一つ例を挙げれば、洗濯機は英語ならwashing machineですが、フランス語では「洗うための機械」machine à laverと用途を表わす前置詞à + laver「洗う」という不定詞を取る形になります。分析的なフランス語ではこのように表現が長くなりがちです。そこで状況で分かるなら余分な部分は省略するという現象が起こるのです。またフランス語は英語のような強弱アクセントの言語ではなく、一つ一つの母音がはっきりと発音されるので、一つの表現を発音する時間が長くなります。以上の様な理由が重なることで、フランス語では限定する要素が省略されがちなのです。

◎── バゲットは「棒パン」？：直喩的命名と隠喩的命名

さて、baguetteの例に戻ってもう一つ考えておくべきことがあります。baguetteは細い棒に似ているパンなのでこのように呼ばれるようになったわけですが、日本語であればこのような時は棒のようなパンという意味を表わすために「棒パン」のような形になることが多いのです。たとえばその形と生地の表面の模様がマスクメロンに似ているところから、メロンのようなパンということで「メロンパン」という名が付いたわけですから。しかし棒パンはいくらなんでもおしゃれな感じのするフランスパンの名前としてはいただけませんね。ここはバゲットとカタカナでいくしかなかったわけです。フランス語を知っている人も多くの場合、バゲットは先ずフランスパンの名前として覚えるのでやはり棒には結びつきにくいと思われます。

いずれにしろ、もし棒パンと呼べばそれは「棒のようなパン」という意味です。メロンパンは「メロンに形と模様が似たパン」ということになります。これはAとBという二つの物を比べてAに似たBと言っているわけで、一種の比喩表現になります。「のような」とか「に似た」といった表現を使った比喩は直喩と呼ばれます。ここで話題にしている物の名前にはそのような表現は用いられていませんが、物の名前を表わす名詞句では種類の違うAとBを「AB」のように並べることで「AのようなB」という解釈を私達は無意識にさせられるわけですので、これも直喩の一形式と見なせます。これを**直喩的命名**と呼んでおきましょう。ところで「あんパン」は直喩的命名ではないのですが、やはりカテゴリー名「パン」で終わる「AB」型の構造をしています。日本語は直喩的命名の場合だけでなく、物の名付けにおいて一般にこのAB型構造を好む言葉なのです。直喩的命名も含めてこの構造を本書では**AB型構造**と呼んでおきます。

フランスを代表するパンにはバゲット以外にクロワッサンがあります。フランスのホテルの朝食に必ず出てくるのがこのクロワッサンcroissantですが、これはずばり三日月という意味です。実際、三日月のような形をしています。といっても最近はあまり三日月のようなカーブが付いていない場合も多いようですが。これも「三日月パン」ではなく「クロワッサン」で定着していますが、こちらは直喩的命名である「三日月パン」もある程度は使われたようです。私自身、過去に三日月パンという名前を耳にしたことがあります。確かに棒パンに比べれば、三日月パンはパンの名前としてありそうです。

ところで、「棒パン」や「三日月パン」という命名が直喩的命名であるのに対して、フランス語のbaguetteやcroissantは「A（三日月）のようなB（パン）」とは言わず、「A（三日月）のようなもの」という意味で、B（パン）を指す部分は言わずに単に「A（三日月）」と言っていることになります。比喩であることを暗に示唆しているだけの場合は隠喩（または暗喩）と呼ばれます。言ってみればメロンパンのことをメロンパンではなくメロンと呼んでいるわけです。そこでこのような命名を**隠喩的命名**と呼ぶことにしましょう。フランス語はこのような隠喩的な名付けを好む言語なのです（この背景には、「パン」というカテゴリー名を省略してもかまわないというフランス語の性格があり、このような名付けの型をこの本では**A単独型構造**と呼ぶことにします)。フランス語に多義語が多い理由の中でも重要なのが、まさにこのような隠喩的命名を好むという事実です。つまり、複数の物に対して「AのようなB」と言わないで、「Aのようなもの」という意味で「A」と呼ぶことを繰り返すことでAに複数の意味ができてくるのです。

	直喩的命名	隠喩的命名
「AのようなB」をどう言うか	AB	A
具体例	メロンのようなパン →　メロンパン	croissant（三日月）のようなパン → croissant（クロワッサン）
背景となる名付けの構造	AB型構造	A単独型構造

◎―― まとめ

ここではフランス語の単語は複数の日本語の単語に対応していることが多い、つまり多義語が多いということ、そしてそれはフランス語の単語の意味が抽象的であること、つまりフランス語の単語が抽象的なレベルでの共通点を持つ複数の意味を一つの単語で表わしていることが多いからであるということを見ました。また右側に来る限定する要素を省略することが多いことも多義語が生まれる原因の一つでした。さらに、フランス語では物に名前を付ける時に隠喩的な命名法を好むことを指摘しました。これもフランス語に多義語が多い理由の一つでした。一方、日本語は単語の意味が具体的であり、また「メロンパン」のような直喩的な命名法を好むので、その点では多義語が生まれにくいということになります。

多義語の問題と密接な関連を持ちますが、命名の仕方という観点から見た場合、フランス語は明らかに隠喩を好む言語であり、日本語は直喩を好む言語であることが見えてきたと思いますが、その点について第2章と第3章でさらに詳しく見ていきたいと思います。

考えよう

ここでは、各章の内容を基に更なる議論や考えを深めるきっかけとして、ちょっとした課題を提示していきます。すいすい読み進めるのも良いですが、ここで少し立ち止まって、頭を整理するのも良いものですよ。

これからフランス語という言語について学んでいくわけですから、その前に日本語について整理しておくと理解も更に深まると思います。そこで以下の課題です。

これまでに聞いたことのある「日本語は○○な言語である」といった、いわゆる「日本語論」を紹介・共有してみてください（例：「日本語は主語が無い言語だ」等）。また、その「論」はどういった根拠で述べられているのかも考えてみてください。

コラム1　フランスパン　バゲット　棒パン

この章の話の中でフランスパンのことを「細い棒」と言われてちょっと違和感を覚えた人がいるのではないでしょうか。日本のフランスパンは結構太いことが多いですね。実はフランスパンにも太さや大きさによっていくつか種類があって、それぞれの名前が伝統的に決まっています。フランスのバゲットはおおよそ250グラムで幅が5、6センチ、長さ65センチぐらいのまさに「細い棒」なのです。ところが日本でよくバゲットあるいはフランスパンとして見かけるのは、もう少し太くてフランスではバタールbâtardと呼ばれているタイプのパンに近いことが多いようです。

実はかつてフランスパンを日本語で「棒パン」と呼んだこともあったらしいのです。詩人の尾崎喜八（1892-1974）の文章の中に何度か「棒パン」という言葉が出てきます。

先ず揉革に包んだ切子のコップを取り出して、小壜に詰めた葡萄酒をそそいでぐっと飲む。旨い！もう一杯。気が大きくなる。それからフロマージュ入りの棒パンをかじりながら水筒の水を飲む。

（尾崎喜八『山の絵本』(1935)、下線は春木）

葡萄酒を飲み、そしてフロマージュ（フランス語でチーズのことです）をはさんだ棒パンと言えばこれはもう明らかにバゲットのことと思われます。尾崎喜八はフランス語を知っていたようです。

1930年代当時、バゲットが買える店がどのぐらいあったのか、どれぐらいの人がそれを知っていたのか、商品名が棒パンだったのかなどはよく分かりません。ただ、一時、一部の人達の間で棒パンという名称が使われていたことは明らかです。定着しなかったのはおそらくバゲットそのものが一般的でなかったことと、やはり食べ物の名前としてはあまりおしゃれな感じではなかったからでしょうか。(追記:松原秀一氏の『言葉の背景』(白水社、1974) の中にも「棒パンbaguette」という表記がありました。)

日本語からのふりかえり ❶

第1章では、フランス語の単語の意味が、日本語と比べた時により抽象的であることを見てきました。そうした本文の内容をふまえて、「日本語からのふりかえり」をしていきたいと思います。ここでは主に、本文の内容と関係してきそうな日本語の現象を紹介していきたいと考えています。

なお、この「日本語からのふりかえり」は本文とは筆者が異なります。普段は主に日本語（と、コーヒー）について研究している人間が書いていますので、どうぞお付き合いください。

それでは、第1章の話題の1つでもある単語の意味について見ていきましょう。具体例とともに本文の内容を確認しておくと、フランス語では「baguette」という単語が（日本語で言うところの）「指揮杖」「魔法のつえ」「指揮棒」「（パンの）バゲット」「箸」等を意味するということでした（本文p. 4の図をご参照ください）。では、日本語にこれら全てを表すことができる単語は存在するでしょうか？ ちょっと考えてみてください。

何か思い付きましたか？ 強いて挙げるとすれば「もの（物）」がそれに当たるかもしれませんね。しかし、「もの」という語は上記の「魔法のつえ」や「バゲット」等以外にも、「コーヒー」や「ケーキ」、あるいは「クッキー」や「ういろう」「わらび餅」そして「車」や「机」等、物全般を含んでしまうので、「baguette」とはややレベルが異なると思われます（例がコーヒーや甘い物に偏るのは私の個人的な好みです。ご容赦ください）。現に「baguette」が何を意味するのかは、コミュニケーションの現場において混乱することはないようですが、日本語で例えば「そこの“もの”を取ってくれ」と言われたところで、一体何を取れば良いのか分からないでしょう。（個人的には、テーブルの上に【指揮棒】と【バゲット】が置いてある状況で、フランス語母語話者に「そこの“baguette”を取ってくれ」とお願いしたらどういう反応をするのか見てみたいところです。）

話を戻しましょう。上記の理由から、「もの」はちょっと抽象的過ぎると言えるでしょう。それに、おそらくフランス語にも日本語の「もの」に相当するような語は存在すると考えられます（手元の日仏辞典を見ても、それに該当しそうな語が見つかります）。こうして考えると、確かに日本語には、ものすごく抽象的な単語は存在しますが、フランス語の「baguette」のような位置付けのレベルの単語というのは多くないのかもしれません。

また、本文ではもう1つ重要な概念として、【直喩的命名】【隠喩的命名】が提示されていました。そこでこの命名法に触れて、最初のふりかえりを終えることにします。

日本のパン屋さんでアニメキャラクター（元は絵本のキャラクターと言うべきでしょうか？）の「アンパンマン」を模したパンに「アンパンマンパン」と名付けているのを目にすることがあります。これもフランスだったら「アンパンマン」となるのでしょうね（そもそも、フランスのパン屋さんが「アンパンマン」を模したパンを作るのかという疑問はさておき）。実は、日本でも稀に「アンパンマン」という名前で売られているのを目にすることがあるのですが、それを見ると「いや、アンパンマンじゃないでしょう（『アンパンマンパン』でしょう）」と思ってしまうのは、本文の内容に基づくと日本語母語話者らしい感覚ということになるのかもしれませんね。

この命名法と関連しそうな現象として、次の例に関する現象があります。

（1） I'll come to you.

さて、この英語、特に「you」をどう訳しますか？ おそらく「あなたのところ」と訳す人が多いのではないかと思います。そうです。英語では「you」だけで済ませる場面でも、日本語では「ところ」を付けなければならないのです。メロンに似たパンを「メロン」で済まさずに「メロンパン」とカテゴリ名を付す日本語の特徴が（1）のような場面にも出ているように思えます。もちろん、この背景にあるのは（対象との類似性に基づく）比喩だとは言えません（むしろ「メトニミー」がそれに近いでしょう）。しかし、あるカテゴリに所属する事物の名前を他のカテゴリで使用する際に、その新たに用いるカテゴリの名前（「パン」や「ところ（場所）」）を明記するという点は共通しています。こうして考えると、直喩的・隠喩的命名という現象は単に物の名前に留まらず、その言語全体の特徴ともつながり得るのかもしれません。

なお、この【直喩的命名】【隠喩的命名】は第2章、第3章でも大事な概念となりますので、次の「日本語からのふりかえり」でももう一度触れたいと思います。

以上で、1回目の「日本語からのふりかえり」は終わりです。このふりかえりは本書の話が2章進むたびに1度挿入する予定なのですが、この第1章は本書の導入部に当たるため、ふりかえりも「お試し」として挿入してみました。今後は2章終えるたびにお会いしましょう。

第2章

スイーツや童話の主人公の名前

ものの名前と比喩(1)

はじめに

第1章ではフランス語のbaguetteやcroissantが隠喩的な名付けであることを見ました。パンだけでなくケーキの名前などを見ても、たとえばモンブランMont Blancはアルプスの山の名前をそのまま用いてモンブランの形に似たケーキを指す隠喩的な名前です。このようにフランス語は一般的に隠喩的な名付けを好みます。それに対してやはり日本語は「メロンパン」のような直喩的な名付けを好みます。本章ではさらに様々な例を通して両言語の名付け方の違いを見ていきます。また同時に日本語では直喩でない場合でもそれが何であるかというカテゴリーの名前、たとえばパンであれば「〜パン」というような形を好むという点についても見ていきます。

パン・スイーツ・お菓子の名前

それではやはりパンの名前から始めましょう。バゲットやクロワッサンを置いているパン屋さんならおそらく「エピ」というパンも置いていることが多いと思います。互い違いに麦の穂のような形をしているパンのことです。「エピ」épiというのはまさに麦などの穂のことで隠喩的命名になっています。日本語では「麦の穂パン」はちょっと変なので、「エピ」で定着したようです。日本語として受け入れられそうなAB型の名前が作れない場合にはバゲットやエピのようにカタカナ語(外来語)になるのが一般的と言えます。

ここまではパンでありながらパンという名前の付いていないものばかりでした。もちろんフランスにもパンという言葉の入ったパンの名前もあります。比喩とは関係ありませんが、代表的なのは（petit）pain au chocolatです。auは前置詞àと定冠詞男性形leの縮約形です。àは英語のatやtoに対応することも多いのですが、ここでは「チョコレートの入った」という特徴を表わし、チョコレート入りの小さなパンという意味になります。フランスの子供向けの『わんぱくニコラ』というお話をご存じでしょうか。フランスではよく知られたお話で日本語訳も出ています。主人公ニコラの友達でいつもお腹を空かせているアルセストがよくおやつに食べていたのがこのパンです。軽くて安いので町歩きの途中で小腹が空いた時などに気軽に買えます。

ところで、pain au chocolatではおやつにはちょっと足りないなと思う時にはchausson aux pommesというのもあります。訳すと「りんごの入ったスリッパ」となります。スリッパを折りたたんだ形に似ているからです。これは隠喩的命名です。私もよく買いましたが、しかし意味を知ってしまうとあまり美味しそうには響きませんね。

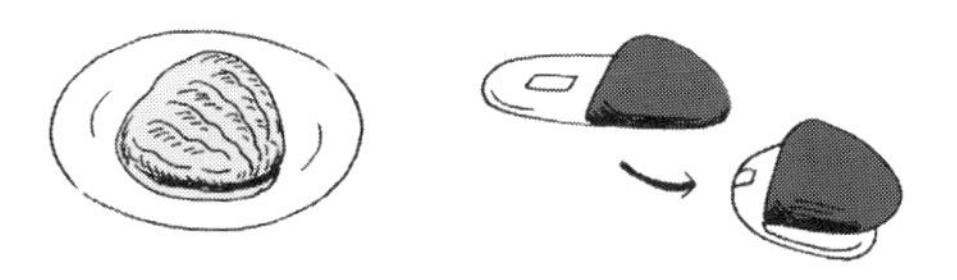

フランスで食べるフランスパンやクロワッサンが美味しいのは言うまでもありませんが、パン屋さんboulangerieの多くはケーキ屋さんpâtisserieでもあり、ついついそちらにも目がいってしまいます。そんなケーキの名前にもフランス語では隠喩的な名前がよくあります。たとえば最初に挙げた日本でもおなじみの「モンブラン」Mont Blancというケーキがあります。モンブランというのはイタリアとフランスの国境にあるアルプスの有名な山の名前です。意味は白い山、つまり白山というのと同じです。ケーキの形がモンブランの山の形に似ているのでこう名付けられたのです。上に振りかけてある粉砂糖は雪を表わしていますが、日本語で「白山ケーキ」と呼ぶのは変でしょう。現在では伝統的なケーキも色や形状、材料が変化していたりして、時には名前の由来が分かりづらい場合も多くなってきましたが、ここでは伝統的なケーキの形と色を前提

にしてお話ししています。

次に、これもフランスのケーキの定番の一つですが、「ルリジューズ」religieuseという名のケーキがあります。これは「修道女」という意味です。フォンダンという砂糖衣で表面を飾った大小二つのシュークリームを重ねて継ぎ目に生クリームなどでレース状の飾りを付けたケーキです。今は色とりどりのルリジューズがあるようですが、本来はチョコレートやコーヒーのフォンダンで作られていたので、その黒っぽい色と生クリームの白い色の組み合わせとその形が修道衣を着た修道女を思わせるところから付いた名前です。これも日本語で「修道女ケーキ」と呼ぶわけにはいかないでしょう。

クリスマス近くになるとケーキ屋さんの店頭に現われるのがbûche de Noël「ビュッシュ・ド・ノエル」というケーキです。これはフランス語では「クリスマスの薪」という意味ですが、実際このケーキは薪をかたどって作られています。キリストは家畜小屋で生まれたと言われているので、どうしてクリスマスに薪型のケーキが出てくるのかよく分かりませんが、元々はヨーロッパの土着の風習とキリスト教とが結びついた伝統のようです。いずれにしろ「薪型ケーキ」も「薪ケーキ」もおかしいでしょう。日本でもお店では「ビュッシュ・ド・ノエル」のように呼んでいるようです。

ケーキではありませんがお祭りなどでは定番の「綿菓子、綿飴（東日本）」はフランス語ではbarbe à papaとなります。barbeは髭、前置詞àは所有を表わし、papaはお父さんなので、全体で「お父さんの髭」という意味の隠喩的な名前です。（所有を表わすofに当たる前置詞はフランス語ではdeですが、àで所有（所属）を表わすこともよくあります。）これも「綿菓子」なら買うでしょうが、「髭菓子」ではちょっとためらいますね。

これはお菓子ですが、日本でもかなり以前からカタカナで「ラングドシャ」

で定着しているクッキーがあります。フランス語で書くとlangue de chatで文字通りには「猫の舌」です。丸くて小さくて薄いところが猫の舌に似ているというのでしょう。「猫の舌クッキー」では「髭菓子」同様、ちょっと食欲が失せますね。このあたりは直喩的命名か隠喩的命名かという前に、食べ物を何にたとえるのかという時点での文化や感性の違いを感じます。

いずれにしても、直喩的な形の「棒パン」「修道女ケーキ」「猫の舌クッキー」のような名前は日本語としては落ち着きません。これは特に食べ物を直接的に形が似た物と即物的に結びつける名付けの方法そのものがあまり日本語的ではないからとも考えられます。もちろん日本語にもこのタイプは存在しますが、たとえば「メロンパン」はメロンという果物からであり、「鏡餅」は元々は飾る物ですし、また鏡は昔は貴重なものでした。「菱餅」は菱形という形からであり、「うぐいす餅」は色からであって、フランス語の「ルリジューズ」のように人に比定したり、あるいは「ラングドシャ」のようにとにかく似ている物と直接的に結びつけるような例はあまり多くないのではないかと思われます。

⊙── 童話の主人公の名前

フランス語では童話の主人公にも隠喩的な命名が多いようです。「白雪姫」はフランス語ではBlanche Neigeですが、これは本来は「雪のように白い女性」という意味です。（因みに「白い雪」は形容詞を後置してneige blancheとなります。）これを最初に日本語に訳した人はごく普通に「白雪姫」と「姫」を付け加えて直喩的な名前にしたのだろうと思います。もしも貧しい家の女の子の話であったとしたら、「白雪娘」とでも訳したでしょうか。やはり古典的な童話の主人公である「シンデレラ」はフランス語ではCendrillonと言いますが、これは「灰」cendreという語に接尾辞が付いたものです。この名前は隠喩的命名ではなくメトニミーと考えられます。メトニミーというのは比喩の一種で、二つのものの近接性に基づいて言い換える表現方法です。簡単な例で説明すると、「やかんが湧いている」というのは容器のやかんで中身の水のことを言っているので、典型的なメトニミーです。人のあだ名もその人の特徴の一つでその人全体を指すのでメトニミーのことが多いと言えます。夏目漱石の『坊っちゃん』に出てくる「赤シャツ」は着ている物でその人を指すメトニミーです。

シンデレラの場合は、シンデレラが継母にいじめられていつも暖炉の掃除をさせられて髪や衣服にいつも灰をかぶっていたところから、彼女の境遇をメトニミーを用いて象徴的に表わした名前です。その意味をこめて昔は「灰かぶり姫」とも訳されていました。やはりここでも日本語では人であることを表わす「姫」が付いています。日本の昔話に「鉢かづき姫」(鉢をかぶっていた姫)という話がありますが、このような名付けが「灰かぶり姫」という訳を考え出した人の頭にあったのかもしれません。

フランスの童話作家ペローの話でもよく知られた「赤頭巾ちゃん」という話がありますが、この名前はフランス語ではLe Petit Chaperon rougeとなります。petitは「小さな」、rougeは「赤い」という意味でchaperonは「頭巾」なので、結局「小さな赤い頭巾(を被った人)」という意味になります。この名前は身に付けている物でその人を表わすメトニミーと言えますが、やはり人であることを表わす要素は付いていません。日本語の「ちゃん」は「小さな」という意味のpetitを訳したようにも考えられますが、それよりもやはり「赤頭巾」では日本語として落ち着かないために「姫」と同じように人であることを表わす「ちゃん」を付けたのでしょう。「オオカミと赤頭巾」のようなタイトルの場合を除けば主人公を呼ぶのにやはり「赤頭巾」だけでは日本語としては不自然です。

これもメトニミーの例になりますが、日本語でも人であることを表わす要素のない形で定着している童話の主人公の名前として「青髭」があります。フランス語のLa Barbe bleue「青髭」と人を表わす要素がないタイトルをそのまま日本語に訳したのでしょう。「青髭男」のようになっていません。一方、山本周五郎の『赤ひげ診療譚』と黒澤明の映画『赤ひげ』もタイトルでは「赤ひげ」となっていますが、作品の中では直接主人公のことを「赤ひげ」というような呼び方はしていなかったと思います。せいぜい「赤ひげ先生」でしょう。ただ本人と親しくない人が、あだ名として「赤ひげ」と呼んでいたかもしれません。身体部分を用いたあだ名は割と受け入れられやすいので、形式としては隠喩的な「青髭」も他の場合よりは日本語でも受け入れやすかったのではないかと思います。そういえば、ジュール・ルナールJules Renardの小説に赤毛とそばかすのせいでPoil de Carotteと呼ばれる少年を主人公にした小説がありました。Poil de Carotteは「人参の毛（赤毛）」という意味ですが、この小説の日本語タイトルは『にんじん』でした。これも少年のあだ名なので訳をする時に訳者が人を表わす要素がない隠喩的な形式を用いたのかもしれません。ただ、私は子供の頃この話の日本語のタイトルを聞いた時にかなり違和感を覚えて、そのせいか読む気がおこらなかったことを思い出します。

⊙── 刀や船の名前

ヨーロッパでも日本でも歴史や物語に出てくるいわれがある刀にはよく名前が付いています。アーサー王伝説に出てくる有名な刀はエクスカリバーExcaliburという名前が付いていました。この名前がそのままタイトルになった映画もありました。探せばいろいろとあるようですが、フランスの最も古い叙事詩『ロランの歌』の中で勇者ロランが持っていた剣はデュランダルDurandalという名前でした。これらの名前も語源を探っていけば何らかの意味を表わしていることが多く、比喩的な場合もあるかもしれません。いずれにしろ固有名詞的で、形式的には剣であることを表わす要素が付いていないことに注意してください。

ひるがえって、日本語では一般に「～丸、～剣、～切」のようにいずれも刀であることを表わす要素が最後に付いています。そして一般に刀の名前には伝説的ないわれが込められていることが多く、「～といういわれを持つ刀」という形になっていたりして、比喩的な名付けではありませんが形式上は直喩的な命名と類似した形をしています。「小烏丸（こがらすまる）（御物）」、「水龍剣（すいりゅうけん）（重要文化財）」、「山姥切（やまんばぎり）（重要文化財）」、「石切丸（いしきりまる）（石切剣箭神社の神刀）」、「村雨丸（むらさめまる）（『南総里見八犬伝』）」など枚挙に暇がありません。刀の名前には刀工の名前を付けた観世正宗（かんぜまさむね）、鉋切長光（かんなぎりながみつ）型の名前も多いようですが、この場合も正宗や長光といった刀工の名前がメトニミーで「刀」を意味していると考えると、「～剣」などと同じことになります。因みに刀だけでなく、笛などの名前にも「～丸」という形式がありますが、「丸」は元々は人を表わす「麻呂」に由来します。

丸と言えば、比喩とは関係がありませんが日本語では船の名前にも一般に「〜丸、〜号（カタカナ名の場合）」を付けて船であることを明示するのが一般的です。平安時代の文献に見られる「坂東丸」、秀吉が作らせた「日本丸」、勝海舟の乗った「咸臨丸」、核爆発実験の被害にあった「第五福竜丸」、堀江謙一氏が太平洋単独横断に使用した小型ヨット「マーメイド号」等々いずれも丸と号が付いています。これらも比喩的な名付けではありませんが、最後に船であることを表わす要素が付いている点が日本語的です。一般に欧米の船の名前の翻訳でも「タイタニック号」、「ノーチラス号」のように元の名前には付いていない「号」を付けます。欧米では「空母ロナルド・レーガン」「空母シャルル・ド・ゴール」のように実在した人物の名前をそのまま船に付けることもよくありますが、日本語ではそのような名前の訳ではやはり「空母〜」「〜号」のような形にしないと不自然です。ただ、昔の海軍の軍艦や現在の自衛隊の艦艇の名前には「三笠」、「武蔵」、「周防」、「おやしお」などのように丸が付いていませんが、これは丸が付いている民間の船との差別化という意味があるのかもしれません。なお明治政府は一般の船の名前には「丸」を付けるように奨励したそうですが、それも元々船を「〜丸」と呼ぶ習慣があったからこそです。空母で思い出しましたが、フランスの現在の主力戦闘機はRafale「突風」という名前です。その前はMirage「蜃気楼」でした。Exocet「飛び魚」というミサイルもあります。これらはまさに隠喩的な名前です。

◎── 人物名による名付け

ところで「空母シャルル・ド・ゴール」だけでなく、直接に人物名に由来する物の名前もフランス語にはあります。これは隠喩的命名ではありませんが、関係する人の名前である物を呼ぶというのは隠喩的命名に発想的には近いものを感じます。たとえばゴミ箱のことをpoubelleと呼びますが、実はこれは19世紀末に家庭ゴミの収集のためにセーヌ県の知事であったEugène Poubelleがゴミ容器の使用を指示したことから、ゴミ収集用の大型のゴミ容器のことをpoubelleと呼ぶようになりその後、広くゴミ箱のことをこう呼ぶようになったものです。日本語であればせめて「プベル式ゴミ容器」のような形になるでしょう。これは考えた人の名前が物の名前になっていますので、メトニミーと考えられます。いずれにしろ、隠喩的命名と同様に形式的には何であるかを特定する要素が付いていないのがフランス語的です。

人物名に由来する類例をもう少し挙げます。シルエットは影絵のことですが、これも18世紀にルイ15世の財務大臣だったÉtienne de Silhouetteがお金のかかる華美な肖像画よりも今で言うシルエット的な肖像画を好んだことから来ています。彼は極端な緊縮政策を採用して不人気だったので人々の揶揄する気持ちもあったのかもしれません。

断頭台とも呼ばれるフランス革命でも有名なギロチンguillotine（フランス語での発音はギヨチン）は聞いたことがあるでしょう。これはフランス革命の時に苦痛を与えずに死刑を執行できるようにと医者で議員でもあったJoseph Guillotinが提案した死刑執行の道具です。Guillotin（フランス語の発音はギヨタン）という名前そのままではなくGuillotinにeを付けて女性名詞になっていますが、これは機械類が女性名詞になっていることが多いことと関係があるのかもしれません。これも日本語ならば「ギヨタン式死刑執行具」のような呼び方になるはずです。ところでGuillotin自身が後にギロチンにかけられたという話を聞いたことがありますが、これは本当ではないようです。なおフランスでは死刑制度が廃止されるまで人道的な執行手段であるとしてギロチンが用いられていましたが、1981年に死刑制度は廃止されました。

◎── 駅名の付け方

フランスには人の名前の付いた施設や道、広場などがたくさんあります。道や広場の場合は、隠喩的命名の場合とは違って道や広場などを表わす要素が付いています。凱旋門のある広場は元々はla place de l'Étoile「エトワル広場」でしたが、第5共和制を発足させた元大統領のCharles de Gaulleが1970年に亡くなった時にla place Charles de Gaulle「シャルル・ド・ゴール広場」と改名されました。(ただし今でもエトワル広場と呼ぶ人も多く、ニュース報道などでもよくla place de l'Étoileと言っています。) さて話はここからです。パリの街にはメトロ、つまり地下鉄の路線が網の目のように走っていますが、その駅の名前を見てみると、たとえばシャルル・ド・ゴール広場のそばにある駅名はCharles de Gaulle – Étoileです。混乱しないようにこの広場の古い名前も付いていますが、「広場」という言葉が付いていません。

凱旋門からシャンゼリゼの下を走っている地下鉄1号線の駅は順にGeorge V、Franklin D. Rooseveltと外国の人の名前が続きます。ジョージ5世（フランス語での発音はジョルジュ）はイギリスの王様の名前であり、ルーズベルトはアメリカの大統領の名前です。これはそれぞれの駅のそばに「ジョージ5世大通り」l'avenue George Vや「フランクリン・D・ルーズベルト大通り」l'avenue Franklin-D.-Rooseveltがあるからです。問題は駅名に大通りという言葉は付いていないことです。凱旋門の近くには他にVictor HugoとかKléberといった駅もありますが、ユゴーは『レ・ミゼラブル』などの作品で知られるフランスの文豪であり、クレベールはフランス革命の頃の将軍の名前です。いずれも近くにそれぞれの名前を冠した大通りがある故の駅名です。

このような駅名の付け方は固有名詞の場合だけではありません。例えばHôtel de ville「市役所」という駅がありますが、これはパリ市の市役所のそばの駅です。日本語であればおそらく「市役所前」のように名付けるのではないでしょうか。大阪の地下鉄に「動物園前」という駅がありますが、これもフランスならきっと単にJardin zoologique「動物園」となるでしょう。他にもPyramides「ピラミッド」(la rue des Pyramides「ピラミッド通り」から) やPyrénées「ピレネー（山脈）」(la rue des Pyrénées「ピレネー（山脈）通り」から) といった駅名もあります。因みにフランスではすべての通りに名前が付いていますが、人名だけでなく、「ニューヨーク大通り」l'avenue de New-Yorkのようにフランスや外国の街の名前が付いている通りがたくさんあります。

京都の地下鉄に「烏丸御池（からすまおいけ）」という駅がありますが、これは烏丸通りと御池通りが交叉する場所にある駅名です。京都には通りの名前を組み合わせた駅名がいくつかありますが、それは京都の町が碁盤の目状になっているという特殊な事情からです。いずれにしろ「烏丸御池（からすまおいけ）」という駅名は京都では非常に明解な名付けということになります。一方、パリの地下鉄にも似たような名付けが見られます。たとえばStrasbourg Saint-Denisという駅があります。これはle boulevard Saint-Denis「サン・ドゥニ大通り」からle boulevard Strasbourg「ストラスブール大通り」が始まる場所にある駅名です。ストラスブールはフランス東部のヨーロッパ議会がある都市であり、サン・ドゥニはパリ北部の街の名前です。この駅名は言ってみれば東京の地下鉄の駅名に「仙台－大宮」があるようなもので、はっきり言ってわけが分からなくなります。さらにはAnvers「アントワープ」(le square d'Anvers「アントワープ公園」から）のように、外国の街の名前が付いている駅もいくつかあります。日本の地下鉄に乗っていて「次はアンデス」や「次はモスクワ」と車内アナウンスがあったらどう思うか考えてみてください。元々はその名前を冠した通りとか広場があるわけですが、そこから名前の部分だけを取ってきて地下鉄の駅名にするのですから、こういう駅名の付け方に慣れていない人は、少しとまどうのではないでしょうか。

ごく少数ですがPlace Monge「モンジュ広場」やPlace d'Italie「イタリア広場」

のような駅名もありますが、それでも「〜前」のようにはなっていません。このような地下鉄の駅名の付け方は、直喩的命名と隠喩的命名の時に見たように、その名前の物が属するカテゴリーを表わす要素を付けないというフランス語の名付けの習慣があるからこそ可能なのではないでしょうか。（付記：中国でも停留所や駅の名前がたとえば「人民大学前」ではなく「人民大学」のようになっているというフランスの場合と似た現象があるようですが、これについて木村英樹氏は『中国語　はじめの一歩』（ちくま学芸文庫）で日本語の局所的視点と中国語の巨視的な俯瞰的視点という違いで説明されています。）

まとめ

ここで見たことをまとめると、比喩的命名の場合も比喩とは関係のない命名の場合もフランス語ではその名前のものがどういう種類の物であるかを表示する要素を付けないことが多いという特徴があります（A単独型構造）。一方、日本語では逆にその名前のものがどういう種類の物であるかを表示する要素を付けるのが一般的です（AB型構造）。そのような要素の無い隠喩的な形式の名前が日本語で使われる時は、普通とは違っているという差別化のために使われることが多いのです（コラムの和菓子の名前のところを参照してください）。このような特徴を持つフランス語と日本語の命名の形式を次の章では動物と道具の名付けを通してさらに見ていくことにします。

考えよう

今回は、本文でも登場したあだ名についての課題です。自分の周囲の人やマンガ等の登場人物のあだ名にはどういったものがあるかを調べ、それが本書のどの命名法に該当するか考えてください。本書の命名法に該当しない場合は、どういう命名法なのか説明してください。また、日本語以外の言語の母語話者のあだ名の付け方との違いについて議論してみる（あるいは、そのマンガの翻訳本と比較してみる）のも興味深い活動だと言えます。可能な場合はそれにもチャレンジしてみてください。

コラム 2　フランスのお菓子、日本のお菓子

「シュークリーム」がフランス語起源であると思っていない人も多いでしょう。フランス語ではchou à la crèmeと言い「クリーム入りキャベツ」の意味です。少し小さいですが、確かにキャベツのように見えますね。これも隠喩的命名です。比喩とは関係ありませんがフランス語でもgâteau au chocolat「チョコレートケーキ」、gâteau au fromage「チーズケーキ」など「ケーキ」gâteauという語を用いた名付けもあります。日本語訳はAB型構造になりますが、後ろに限定が来るフランス語では「BA型構造」になります。

和菓子の名前にはやはり直喩的命名が多いようです。「三笠まんじゅう」は和歌にも詠まれる奈良のなだらかな三笠山の形から来ています。同じものを関東地方では「銅鑼焼き」と呼びますが、これは仏具の「銅鑼」との比定です。関西人の私には即物的、つまりあまりにもろで無粋な名付けに思えますが、最近は「ドラ焼き」のように書いたりもするので、ドラえもんとは結びつけても「銅鑼」を思い浮かべる人はあまりいないでしょう。その他、「柏餅」、「桜餅」、「草加せんべい」など伝統的な菓子の名前には、餅、饅頭、せんべいといったカテゴリー名が最後に付くものが多く、これらは比喩ではないものの形式的にはAB型構造です。

日本語でも、茶菓子を中心に和菓子には見立てや和歌の一節などによる隠喩的な名前も多くあります。たとえば「月の雫」、「若鮎」、「月見うさぎ」、「花筏」、「水無月」など季節を思わせたり、「青丹（あおに）よし」や「早蕨（さわらび）」、「東風（こち）」のように人口に膾炙した特定の和歌を思わせる風流な名前もあります。こういった隠喩的な名前のものは、直喩的なAB型構造が多い日本語の中で、いわば差別化をはかって「かっこよさ」を出していて、おしゃれな和菓子というイメージを作り出しています。

フランスのお菓子やケーキの名前の多くは、隠喩的な形のままカタカナで日本語に入ってきます。「ミルフィーユ」もその例で、これは何層にもなっているパイ生地にクリームをはさんで粉砂糖をまぶしたケーキです。フランス語ではmille(-)feuilleで「千のシート」という意味です。mille「千」

は数が多いことを表わし、feuille「シート」はアルミホイルのホイルと語源は同じで紙など薄い物を指す言葉で、「木の葉」「紙片」「(ある種の) 文書、証明書」などの意味があります。ここでは「薄い (シート状の) パイ生地」という意味です。結局mille(-)feuilleを直喩的に訳すと「多層パイ生地ケーキ」となってしまい、この名前では売り上げにも影響してしまうでしょう。mille(-)feuilleの発音をカタカナで表わすのは難しいのですが、私ならミルフォイユぐらいにするところです。ミルフィーユという音から想像されるフランス語はmille filles「千人の女の子」なので、日本でこのケーキを買う時にはちょっと気恥ずかしくなります。日本語名を「ミルフィーユ」とした人にはフランス語の発音をもっとしっかり勉強してもらいたかったですね。

第3章

道具と動物の名前

ものの名前と比喩(2)

はじめに：動物から道具へ

第1章と第2章でフランス語は隠喩的命名を好み、日本語は直喩的命名を好むと説明しました。ここではその傾向を道具と動物の名前の付け方でさらに詳しく見ていくことにします。

先ず建設現場でよく目にするクレーンを思い出してください。日本語話者にとってクレーンというカタカナ、あるいはクレーンという音の響きは直接あの長く伸びた起重機と結びついているのが普通でしょう。もちろん、クレーンというのは英語のcraneから来た借用語で、元の意味は「鶴」です。つまり英語ではあの長く伸びたクレーンの姿を首の長い鶴にたとえて「(首の長い) 鶴のような機械」ということで、craneと呼んでいるわけです。これは元々「細い棒」という意味であったバゲットという言葉で細長いフランスパンを呼んだ場合と同じで隠喩的命名になります。フランス語でも英語同様に鶴を表わすgrueという言葉をそのままクレーンの意味で使うので、フランス語でも隠喩的命名ということになります。しかし、日本語でクレーンという言葉を聞いた時に鶴を思い浮かべている人はまずいないでしょう。つまり英語から借用された日本語のクレーンは単なるレッテルに過ぎないわけで、名前と物の間には比喩的な関係はありません。

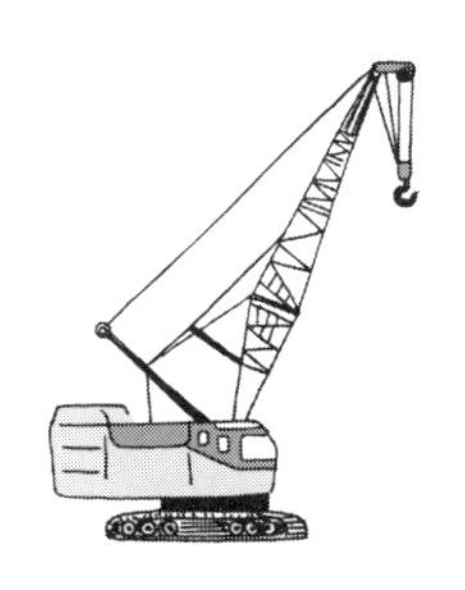

クレーンの場合のようにフランス語や英語では道具類を名付ける時に動物の名前を用いて隠喩的に名付けることが多いのです。このような名付け方について最初に詳しく論じた川口順二氏（慶応大学名誉教授）は、私達は命をもった動物に対してより身近な存在として共感を覚えるので、何かの道具を見た時にもその形や動きの中に動物の姿を見て、そのような印象をもとに名前を付けることが多いのだと説明されています。つまり、「AのようなB」と比喩的に名前を付ける時に、Aが動物でBが道具という方向で比喩的に名前が付けられることが多いということです。そしてフランス語では「A(動物)のようなB(道具)」という意味で単にBを「A」と呼ぶという隠喩的な命名（A単独型構造）が多く、日本語の場合は「AB」というメロンパン型の直喩的な命名（AB型構造）が多いというのが川口氏や私の考えです。それでは実際はどうなっているかを、もう少し詳しく見ていきましょう。

フランス語の場合（1）：動物から道具へ

それでは動物名を用いて名付けられた道具類の名前から見ていきましょう。絵を描く時にキャンバスを支えるイーゼルという道具がありますが、これはフランス語ではchevaletと言います。この単語は馬を意味するchevalに縮小辞-etが付いたものですが、「小さい馬」という意味ではなくイーゼルのことを指します。イーゼルを思い浮かべても馬には似ていませんね。ではなぜイーゼルを小さい馬と言うかというと、馬は昔から背中に人や荷物を載せて運ぶために使われてきました。ここから、多くの言語で何かを支えたり運んだりする道具に馬を意味する言葉が使われるようになりました。日本語でも踏み台や脚立、作業台のことを「うま」と言うことがあります。そもそも英語のeaselというのはオランダ語で「ろば」を意味するezelから来ています。つまりオランダ語でもイーゼルを馬に近縁の「ろば」という言葉を用いて呼んでいるわけです。

実は古いフランス語には馬を意味する単語が複数存在していました。中でも荷駄を運ぶために使役される馬はsommierと呼ばれていました。sommierはこの意味では現在は使われていませんが、現代フランス語ではベッドのマット台という意味で普通に使われている語です。この場合も何かを支える(四本足の)ものということで、ベッドのマットを支えるマット台のことを荷馬を意味していたsommierで呼ぶようになったわけです。現在では元の荷馬という意味が忘れられてしまいましたが、元々の命名法としてはイーゼルの場合と同じく隠喩的命名ということになります。

比喩的に何かを命名する時には単に形が似ている場合だけでなく、その働きから何かに比べる場合もよくあります。「Aと形が似ているB」と「Aと働きが似ているB」の場合があるわけです。イーゼルやマット台はまさに働きが似ている例です。

フランス語には羊を意味する単語がいくつかありますが、羊一般および去勢した雄羊はmouton、去勢していない雄羊はbélierと呼ばれます。このうち去勢していない性格の荒い雄羊を意味するbélierという言葉には、中世に城の門を壊して攻め込むために使われた武器の一種である破城槌（はじょうつい）という意味があります。これは太い木材で作られており、その先端には角をはやした金属製の雄羊の頭が、威嚇効果とともに、城門を破壊する効果を高めるために付けられていることが多かったことからこう名付けられました。ただ破城槌を意味するbélierという名前には単に隠喩的命名というだけでなく、もう少し複雑なプロセスが存在します。それは、破城槌全体が羊の形をしているわけではなく、破城槌の端に付けられていた羊の頭から破城槌全体を羊という言葉で呼んだので、部分で全体を呼ぶということをしています。これは「帆」で「船」を表わすのと同じやり方で、このような表現の仕方は比喩の一種で提喩（シネクドキ）と呼ばれます。ところでフランス語では去勢した雄羊をmoutonと呼びますが、こちらは杭打ち機、ドロップハンマーの意味を持っています。いわば破城槌を垂直にした機械で、英語ではいずれも（battering）ramですが、フランス語には雄羊を意味する二つの単語が存在したので、破城槌と区別するためにmoutonという名前になったのではないかと推測されます。杭打ち機の頭に羊の飾りは付けないでしょうから、羊の飾りとは関係なく水平ではなく垂直に強く打ち付ける機械にもその名前が拡張され、英語ではそのまま（battering）ramが使われ、そしてフランス語では区別するためにbélierの類語moutonで置き換えられたということでしょう。この名付けのプロセスは、方向は違うものの何かに強く打ち付けるという働きが似ている、つまり機能の近接性に基づいて意味が拡張されているのでメトニミーということになります。ただフランス語の場合は、差別化するために類語moutonで置き換えるというもう一段複雑なプロセスを経ています。

◎── フランス語の場合（2）：道具から動物へ

動物名から道具を命名するという方法に比べて、その逆に道具類から動物へという方向での名付けは川口氏が指摘されるようにフランス語では少ないのですが、以下のような例があります。ここでも川口氏が既に挙げておられる例が主になります。

海の生物から始めましょう。先ずはメカジキのことをespadonと呼びます。この単語は元々イタリア語の「剣」を意味する語から来ています。フランス語であれば剣はépéeと言いますが、その剣を意味するイタリア語に拡大辞と呼ばれる接尾辞-onが付いたもので、「大きな剣」という意味です。もちろん長く伸びた上顎が剣を思わせるところからこのような名前が付けられたのです。英語でもswordfishと呼びますが、こちらは直喩的命名です。フランス語ではespadon以外にもやはり隠喩的にépée de mer（＝海の剣）とも呼びますが、魚を意味するpoissonと剣を組み合わせたpoisson-épéeという直喩的な呼び方もあります。また西アフリカのモーリタニアではpoisson porte-épée（＝鞘魚）と呼ぶそうです。この魚の学名はgladiusですが、こちらも剣を意味するラテン語から来ています。なおフランス語では前にも述べましたが名詞を修飾する語は原則として名詞の後ろに置かれます。たとえば丸いテーブルはtable rondeとなり、丸いという形容詞はテーブルという名詞の後ろに来ます。名詞épée「剣」が名詞poisson「魚」を修飾する場合も同様です。従ってフランス語で直喩的命名の場合は、AのようなBは日本語と違って「BA」という語順になりますので注意してください。

一般に海亀と呼ばれる「おさ亀」をフランス語ではluthと呼びますが、これは元々は楽器のリュートのことです。甲羅の形が楽器のリュートに似ているところからでしょう。亀を表わすtortueと組み合わせてtortue luthと直喩的な形でも呼ばれます。因みに英語では亀はturtleですが、この語は語源辞書などにもフランス語tortueの変形としか書かれていません。tortueの変形としてのturtleにどうしてlがあるのかの説明がありませんが、上に引いたtortue luthが一語に縮約されてturtleになったという説もあります。

やはり魚ですが、「太刀魚」のことはsabreと呼びます。これはサーベルのことです。まさに日本語の太刀魚と同じように魚を意味するpoissonと組み合わせたpoisson sabreという直喩的な呼び方もありますが、一般にはsabreと言うようです。ポルトガルのリスボンでレストランに入った時にメニューを見るとポルトガル語でpeixe-espadaとありました。peixeは魚ですが、espadaはフランス語のépée「剣」に当たるのでたぶん太刀魚だろうと思って注文したところ無事に太刀魚料理が出てきたので、ファドを聴きながら美味しくいただきました。英語では船乗りが持っていた剣cutlas(s)から来たcutlas(s) fishが一般的な名前ですが、種類によってはscabbardfish（鞘＋魚）やbeltfish（ベルト＋魚）などとも言うようです。平べったい太刀魚を、剣ではなく鞘やベルトと見たわけですね。

魚が続きますが、水族館で人気のあるシュモクザメ（撞木鮫）というサメがいます。頭のところの形が木槌を思わせます。まっすぐな鐘撞き棒も撞木と呼ばれますが、元々撞木というのはお寺で鐘を叩くT字型の棒のことを言いました。簡単には木槌と思えばいいでしょう。「撞木鮫」はフランス語ではmarteauと呼びますが、これは金槌や木槌のことを意味する語です。サメを意味するrequinと組み合わせてrequin-marteauという直喩的な呼び方もあります。

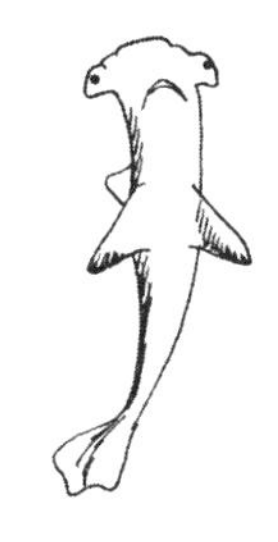

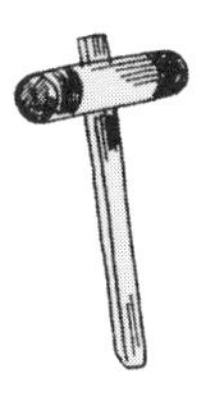

以上が道具類から動物名という方向での名付けの例でした。鳥の名前などにも例はありますが、いずれにしろ数は多くはありません。隠喩的な単純形と直喩的な複合形が併存している場合もありましたが、隠喩的な単純形が高い頻度で用いられている点がフランス語的です。その際、フランス人は単純形を複合形の省略とは考えていないのではないかと思われますが、それぞれの場合を詳しく調査しないとその点は断言できません。

◎── 日本語の場合（1）：動物から道具へ

今度は日本語の場合を考えてみましょう。日本語では直喩的命名が多いということは「動物名＋物の名」という形になっていることが多いということです。

まずは「コウモリ傘」です。最近は雨傘もおしゃれになって、この言葉はすっかり古くなってしまいました。昔は傘と言えば圧倒的多数が黒で、その様子がコウモリに似ているところから付いた名前です。傘の骨と黒い布の様子はいかにもコウモリの翼を思わせます。私が小さい頃には「かさ〜、コウモリがさの修繕〜」という呼び声をあげて傘直しの人が時々回ってきていたもので、傘とコウモリ傘はほぼ同義だったのです。傘と言えば「蛇の目傘（じゃのめがさ）」というのもありました。これは和傘の一種で、傘の中心近くに白い輪が入っていることで、ヘビの目を思わせる蛇の目模様が浮き上がることから蛇の目傘と呼ばれたものです。蛇の目模様というのは日本に古くからあるデザインの一つで、二重丸の中が塗りつぶされていたり逆に中が白かったりするデザインで、家紋などにも使われています。「蛇の目蝶（じゃのめちょう）」のように、蛇の目模様を持った昆虫などの名前にも使われています。ただしその場合は動物→道具ではなく、動物→動物という方向性を持った命名になります。

建築関係にも動物からの直喩的な命名が多く見られます。たとえば「なまこ壁」です。昔の蔵などは防火のために壁がよくなまこ壁になっています。これは壁面に平瓦を並べて貼り、目地（継ぎ目）に漆喰を盛り付けて塗った壁のことで、その目地の部分が盛り上がっていて、その断面が半円形でナマコに似ているところからこのように呼ばれます。しかし都会ではナマコの姿そのものを見たことがない人が多く、ナマコに似ていると聞いてもぴんとこないかもしれませんね。因みにフランス語ではナマコはconcombre de mer、つまり海のきゅうりと呼びますが、このような命名もde mer「海の」というように本来の領域とは異なる領域を明示しているものの「きゅうりに似た物」ではなく「きゅうり」なのでやはり隠喩的命名と考えておきます。

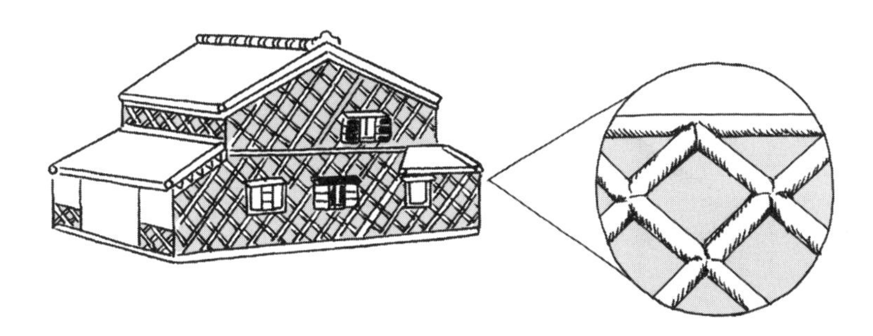

最近の鉄道では枕木もコンクリート製のものが多くなってきました。枕木と言うぐらいですから元々は木が普通でした。この枕木にレールを固定するための金具を「犬釘」と言います。大きな釘の様な物ですが、特に昔のものはレールを押さえる部分が犬の鼻面を思わせ、さらにレール交換の時に引き抜くために付いている両側の突起が犬の垂れた耳に似ていたのでこのような名前が付いています。現在では枕木もコンクリート製のものが一般的になってきましたので、犬釘の形も変化しているようです。

以上の例はおおむね見た目の類似からでしたが、時にはそのものの動きからの名付けもあります。その代表が「鼠花火」です。今は打ち上げるタイプの花火の方が人気なのかもしれませんが、鼠花火はこよりのような細い本体が輪になっていて火を付けるところがしっぽのようになっています。その部分に火を付けると地面をパンパンと爆発しながら激しく動き回る姿がネズミに似ているところから付いた名前です。以上はいずれもAB型構造で、直喩的な命名でした。このように日本語には直喩的な命名が多いのですが、一部にはフランス語同様に隠喩的な命名も存在しています。

隠喩的な場合は単にAと言っているだけなので、単純語と呼ぶこともできます。隠喩的な単純語の例として川口氏は作業台などを指す「うま」、弦楽器の「駒」、「蛇口」などを挙げておられます。「うま」は既に見たように多くの言語で何かを載せたり支えたりするものの名前として使われており、日本語でも作業台の意味で用いられています。ギターなどでは英語からのブリッジという名前が使われますが、三味線などの弦楽器の弦を胴の上で支える「駒」もウマのことですから同じ考え方です。

隠喩的な名前の例として他に「鶴嘴（つるはし）」、「鳶口（とびくち）」がありますが、嘴も口もいずれも鳥のくちばしのことです。それぞれの鳥の長いくちばしや鋭いくちばしの形に似ているところからの命名です。「鶴嘴」は分かるでしょうが、「鳶口」というのは長い柄の先に鋭いトビの嘴（くちばし）のような形の鉄製の先が付いていて、木材にひっかけて引いたり倒したりする時に用いる道具です。江戸時代の火消し（とび職）の人達が、延焼を防ぐために建物を壊すために使っていたのもこれです。もう少し身近な物としては、運動場などの地ならしに使うT字型をした「とんぼ」があります。最近は英語からレーキとも言うようです。

◎── 日本語の場合（2）：道具から動物へ

フランス語にはあまり多くはなかったのですが、日本語では道具類から動物へという方向で、音・形・動きの類似からの直喩的な例が多く存在します。川口氏が挙げておられる例には、「鈴虫」、「轡虫（くつわむし）」、「甲虫」、「鍬形虫」、「へら鷺」、「障泥（あおり）いか」、「槍いか」などがあります。先ず「鈴虫」、「轡虫」はそれらの虫の鳴き声からです。「鈴虫」の場合は説明するまでもないでしょう。「轡虫」ですが、くつわというのは馬の口にかませる金具のことです。鳴き声がこの金具がたてる音に似ていたところから付いた名前です。轡虫は別名でガチャガチャとも言いますが、それはくつわという金具がたてる音のオノマトペです。現代ではカプセルに入ったおもちゃを販売する機械やその機械から取り出したおもちゃをガチャガチャと言うようですが、これもあの機械がたてる音を模した名前です。「甲虫」、「鍬形虫」はその形からの命名です。「へら鷺」はくちばしがあの平べったいへらに似ているところからこう呼ばれます。「障泥いか」のあおりとは馬の泥よけのことで、障泥いかの泳ぐ時の動きがあおりの動きに似ているところからの命名です。「槍いか」は言うまでもなくその尖った形が槍に似ているからです。

ここではさらに以下の例を付け加えておきます。「蓑虫」、「糸蜻蛉」、「撞木鮫」、「鋸鮫」、「甚兵衛鮫」、「太刀魚」、「鉄砲魚」、「糸巻きえい」、「玉虫」。いずれも道具から動物への直喩的命名です。

最近あまり見なくなりましたが「蓑虫」は小枝や葉っぱなどを集めて蓑のような巣を作るのでこういう名前が付いています。「糸蜻蛉」は文字通りその糸のように細い身体から付いた名前です。他に「糸ミミズ」という熱帯魚の餌にされるミミズもいます。「撞木鮫」については上でフランス語の例のところで説明しましたが、「鋸鮫」と同様に日本語では直喩的命名です。「甚兵衛鮫」はその模様が甚兵衛のよくある模様に似ているところから付いた名前ですが、甚兵衛もしくは甚平というのは筒袖の羽織のことです。子供の頃には「じんべさん」という言い方をよく聞きましたが、まさに甚兵衛鮫の模様のようなイメージでした。

「太刀魚」もフランス語のところで出てきましたが、文字通り刀のようだということですね。「鉄砲魚」は、口から水を発射して餌にする虫を鉄砲のように撃ち落とすところからこう呼ばれています。「糸巻きえい」は頭部のところにある鰭（えら）が糸巻きに似ているところからこのような名前が付いています。昔は玉と言えば宝石のことでした。中でも翡翠のことを意味したようですが、法隆寺にある国宝の玉虫厨子（たまむしのずし）に使われている「玉虫」という虫の名は、輝く羽が宝石に似ている故の名前です。

道具類から植物への隠喩的な例として「数珠玉」を挙げておきましょう。現在ではめっきり見かけなくなりましたが、この植物の実はつやがあってきれいなので子供達が集めたり、糸を通して数珠などを作ったりしたものです。もう1例挙げておきます。チョウジの木girofilerの花蕾で香辛料として使われるクローブは日本語では「ちょうじ（丁子／丁字）」と呼ばれます。これは中国語の表記に基づくようですが、丁は本来の釘という字に換えて用いられたもので、釘のようなものという名前です。乾燥させた丁字の花蕾は本当に釘のような形をしているからです。「釘の形をしたもの」という意味ですから隠喩的命名です。フランス語ではclou de girofle「チョウジの釘」と言いますが、clouは「釘」でまさに隠喩的命名です。英語のcloveも語源は同じです。料理に使う時には本当に釘のように食材に刺して使うこともよくあります。寒いヨーロッパの冬には欠かせないホットウイスキーには、クローブを刺した輪切りのレモンが入っています。虫に関しては一見隠喩的に見える「カブト」、「クワガタ」という言い方がよく使われますが、これはもちろん隠喩的な単純語ではなく本来は直喩的命名の省略形です。

◎—— まとめ

第1～3章で見たように、フランス語では隠喩的な命名が好まれ、日本語では直喩的な命名が好まれます。もちろんいずれの言語にもその傾向に反した例も存在しますが、全体的に見ればやはりそれぞれの言語に相異なる大きな傾向があることは明らかです。

そして比喩とは関係の無い名付けにおいても、日本語ではAのようなBという意味でABという直喩的命名の際に取る形式と同様に、その物が属する種類、カテゴリーを明らかにするような形式を取った命名が多いというのが大きな特徴になっています。ただ言葉においては既に存在している規則や傾向にそった形は時に古くさいとか、ありふれているという印象を与えることがあります。逆にそんな規則や傾向から外れた形は「新しさ」や「おしゃれな感じ」、「かっこいい」という印象を与えることがよくあります。そういうところから、大きな傾向にそわない例も古くから存在していると言えます。特に現代社会では、より消費者に受けるようなおしゃれ感や高級感をだすために、日本語でも隠喩的な命名が増えてきているように思えます。

付記：動物名を用いて道具類を名付けるという例やこの章で扱った例については、この章の最初にお名前を引いた川口順二氏が主要な例を論文に挙げておられますので、コラムなども含めて本章で取り上げた例の多くがどうしても川口氏が論文で挙げておられる例と重ならざるを得なかったことをお断りしておきます。物の名付けの場合だけでなく、直喩的vs.隠喩的という観点で日本語とフランス語のいくつかの特徴を対照的に見ることができるのではないかということを考え始めたのは、川口氏の御研究に触れたことがそのきっかけであったことを感謝の気持ちと共にここに記しておきたいと思います。

考えよう

「バゲット（baguette）」の位置づけがフランスと日本とで異なることは本文で見た通りですが、神戸のとあるパン屋さんでは、〈フランスパン〉というカテゴリのメンバーとして、「バゲット」「バタール」「シャンピニヨン」「クッペ」等といった名前のパンが売られています（このあたりは「神戸らしさ」と言われる部分なのかもしれません）。こうした命名の採用は、他のパン屋さんとは違う「こだわり」を感じさせることに成功しているように思います。

こういう現象に興味がある方は、周囲のパン屋さん等で商品の命名という観点から一般的な日本語とは異なる試みを探してみてください。また、身近に日本語以外の言語を母語とする人がいる場合は、商品の命名について話し合うことで、互いの言語の特徴について考えてみるのも良いかもしれません。

コラム 3 蛇口は羊口、芋虫は犬顔、千鳥模様は雄鶏の足模様

フランス人は水道の水は飲まないと思っている人が多いようですが、そんなことはありません。たとえばレストランでune carafe d'eauをお願いしますと頼めば、時にはおしゃれな水差しcarafeに入った水道水が出てきます。観光客とつけ込んでミネラルウォーターを注文させようとしてきたら、l'eau du robinet（水道水）で十分と言えばいいでしょう。この蛇口を意味するrobinetというのは古いフランス語で羊のことです。robinetは元々はRobinという人名（Robertの愛称）に縮小辞が付いたものです。Robinは、昔は田舎の羊飼いの男の子の典型的な名前とされていて、そこからRobinといつもセットになっている羊そのものをrobin、robinetと呼ぶようになりました。

これはメトニミーですね。一方、昔は広場などの公共の場の噴水や水が出るところが羊の頭の形をしていることが多かったのです。そこから、蛇口のことを羊を意味する語robinetという語で呼ぶようになったのです。

それでは、日本語ではどうして蛇口なのでしょうか。蛇口の「蛇」はヘビではなく龍のことを指します。日本では昔から中国文化の影響で龍と水は密接な関係を持っています。昔から水の出口が龍の形にかたどられていたりしましたが、近代になっても公共の水の供給口に龍の装飾が施されていたようで、そこから蛇口と言うようになりました。なお、蛇口を「カラン」ということがありますが、こちらはオランダ語で元々は「鶴」を意味したkraanから来ています。因みにkraanにはクレーンの意味もあります。

戦車や雪上車は車輪ではなくキャタピラーを用いて走りますが、キャタピラーはフランス語ではchenilleと言います。英語caterpillarと同様に、chenilleは蝶や蛾の幼虫である芋虫や毛虫というのが本来の意味です。あの小さな金属板がつながって動く姿が芋虫に似ているところからこう命名されたのです。もちろん隠喩的命名です。このchenilleという単語の元の意味はなんと「小さな犬」で、芋虫を前から見ると犬の顔に似ているところから来ているようです。これは動物に別の動物の名を当てる隠喩的命名です。一方、英語のcaterpillarも実は古いフランス語からの借用語で、こちらは「毛がふさふさの猫」という意味です。今度は毛虫を犬ではなく猫の顔と見たわけで、それに毛が多いということを表わす言葉が融合したものです。これもまた隠喩的命名です。

動物関連でもう一つ。ある模様がどう見えるかは、文化によって異なるようです。チェックや格子柄と呼ばれるものがあります。タータンチェックなどがそうですが、よく見る格子柄の一つに「千鳥格子」というのがあります。千鳥が連なって飛んでいるように見える形の格子柄のことです。格子を格子模様と考えればこれも直喩的命名になります。千鳥格子のような模様は英語ではhound's tooth「猟犬の歯」と言うそうですが、確かに猟犬の鋭い歯が並んでいるようにも見えます。この英語名は隠喩的命名になります。一方、フランス語ではpied-de-coq「雄鶏の足」、より細かいものはpied-de-poule「雌鳥の足」と言います。piedが足、coqが雄鶏、pouleが雌鳥です。このフランス語の場合も隠喩的命名です。同じデザインでも文化によって見え方は様々ですね。

日本語からのふりかえり❷

さて、これで第1部の第3章まで進みました。ここで、2回目の日本語からのふりかえりをしておきましょう。

この第2章・第3章は、本書で提示された【直喩的命名】【隠喩的命名】という考え方に基づいて、それに該当する例を様々な分野から紹介してありました。そこで、このふりかえりでは本文の内容に基づきながら、日常生活の中に見られる日本語に関する話題を提供していきたいと思います。

ここでは、本文でも具体例として挙げられていた「モンブラン」に注目してみましょう。この「モンブラン（Mont Blanc)」とは、山の形に似ていることから名付けられたと言われており、日本で見かけるものも確かに山のような形状をしています。ですが近年、「モンブラン」というケーキにも変化が生じているように思います。私自身、甘い物（とコーヒー）が好きでケーキも頻繁に食べるのですが、ここ数年「モンブラン」を注文すると上が平らなケーキが出てくることが増えました。山というよりも平野のような形状です。(私と同じく）ケーキ好きな人の中には、この現象にお気付きの方もいるのではないかと思います。

ではなぜ、こうしたケーキが「モンブラン」と呼ばれているのでしょうか。以下、この問題について少し考えてみたいと思います。

従来の山型の「モンブラン」と最近見られるようになった平野型の「モンブラン」とを比較してみると、ある共通点が見つかります。それは、「栗から作られた（あるいは、材料は何であれ栗のような味がする）クリームが使用されている（更には、ケーキの上に栗がのっていることもある)」という点です。つまり、平野型の（栗と関わりがある）「モンブラン」が誕生した経緯として、次のような段階が考えられるのです。

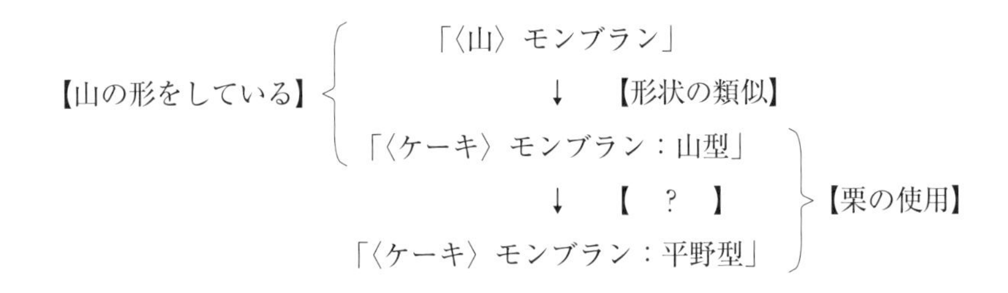

まとめ：「新・モンブラン」誕生の推移

本文でも述べられていたように、「〈ケーキ〉 モンブラン：山型」が「モンブラン」と呼ばれるようになったのは、形状の類似性に基づく隠喩によります。では、「〈ケーキ〉 モンブラン:平野型」も「モンブラン」と呼ばれるようになった理由は何だと思いますか？ 言い換えると、上の「まとめ」の【 ？ 】には何が入ると思いますか？

ここから先は状況を基に推測するしかありません（ケーキの専門家の方でこの点について実際に調査を行ったことのある方は、ご連絡ください）が、次のようなことが考えられます。「〈山〉 モンブラン」と形状が類似する「〈ケーキ〉 モンブラン：山型」には「栗のクリーム（あるいは栗そのもの)」が使用されていました。それが、どこかの段階で、何らかの理由により「モンブラン」という名称が「山」を表すという意識が薄れ、「栗のクリーム（あるいは栗そのもの)」を表すという誤解が生じたのではないかと考えられるのです。この理由には、「モンブラン」が日本では（英語と比べると）あまり馴染みのないフランス語であったこともあるかもしれません。こうして「モンブラン」という表現が指示する対象にズレが生じたと言うことができます。

ちなみに、インターネットで「マロンクリームケーキ」の画像を検索してみると、山型のケーキの画像が含まれるのも興味深い点です。また、砕いた栗や栗を用いたクリームを挟んだどら焼きが「モンブランどら焼き」という名称で売られているのも、この考察の妥当性を示していると言えるでしょう。もちろん、「だから、そんな名前のお菓子はダメだ！」と言っているわけではありません。この点はご注意ください。言葉の研究とは、世の中の言葉を正すためのものではなく、世の中で起きている言語現象がなぜ生じたのかを考えるためのものなのです。それに私は世の中の全ての甘い物の味方です。

閑話休題。上記の推測が正しいと仮定した場合、その誤解の理由も少し理解できるところがあります。というのも、ケーキの名称としてクリーム、あるいは材料の名前が用いられるという現象は、よくあることだからです。少し例を挙げてみましょう。「チョコ（クリーム）ケーキ」「バタークリームケーキ」「抹茶（クリーム）ケーキ」「生クリームケーキ」等々。こうした命名は他の食品にも見られます。「カレーパン」「塩パン」「くるみパン」、「チョコクッキー」「かぼちゃクッキー」、「いちごドーナツ」「あんドーナツ」、いずれも日本語として不自然さを感じない命名です。このことから、「モンブラン」がクリームや材料の名前だという誤解が生じたと考えられるのです。なお、「モンブラン」ではなく「モンブランケーキ」という名前を採用しているところもあるようです。このあたりにも、日本語が直喩的命名を好む傾向が見て取れます。

さて、ここまで「〈ケーキ〉モンブラン：平野型」が生じた理由を考えてきました。ここまで来ると、本文の他の部分とのつながりが見えてきます。本文に【メトニミー】という概念が出てきたことを覚えているでしょうか？「赤シャツ」「シンデレラ」等の命名のところで出てきました。これと平野型の「モンブラン」とが同じ動機によって命名されていると考えられるのです。

つまり、元々は山型であり、かつ、栗のクリームや栗そのものを使用したケーキを日本では（日本でも）「モンブラン」と呼んでいたのですが、その中の「栗のクリーム（や栗そのもの）が使用される」という属性に焦点が当てられることで、同種のクリーム等を使用していれば（山型でなくても）「モンブラン」と呼ばれるようになったと考えられるわけです。このように「栗のクリームの使用」という属性に基づいた命名と捉えれば、これはメトニミーによる命名と捉えることができるでしょう。「赤いずきん」を被っているから「赤ずきんちゃん」と呼ばれるのと同様に、「栗（のクリーム）」を使っているから「モンブラン（「栗（のクリーム）」の意味と誤解）」と呼ばれるようになったわけです。食べ物以外の例を挙げると、かつては「ジーパン」と呼ばれていた衣類が最近では、その素材（生地）から「デニム」と呼ばれるようになったのもその一例だと言えます。

また、更に目を引く現象としては、「桃のメロンパン」「レモンメロンパン」

といった名前の商品の存在が挙げられます（2019年1月の段階では存在が確認できています）。これらの命名はどういったメカニズムで行われたのか、ぜひとも考えてみてください。

以上で2回目のふりかえりは終わりです。これまでの人生で食べに食べた甘い物をようやく仕事につなげることができました。これで今後も「仕事だから」と自分に言い訳して堂々と甘い物を食べていけそうです。

第4章

自転車はvélo? bicyclette?

一つのものに複数の名前

はじめに：言葉の位相について

ここまではフランス語の単語の意味が日本語に比べて抽象的であること、そしてその結果として多義語が多いこと、またそれと関連して物の名付けにおいて隠喩的な形式を取ることを好むことなどを見てきました。この章では、フランス語の単語のもう一つの特徴である多層性について考えたいと思います。

フランス語ではある物を呼ぶのに、複数の単語が存在している場合が非常に多いのです。それも多くの場合、日常語と文語や専門語、あるいはスラングというのではなく、日常生活において同じ物に対して二つも三つも呼び方があることが多いのがフランス語の特徴です。たとえば「本」はlivreと習いますし、もちろんこの言葉も使われますが、日常会話では多くのフランス人がbouquinと言います。こういう現象を言葉の多層性と呼んでおきます。同じ物に対して複数の単語が存在する場合、そこには何らかのニュアンスの違いがあります。書き言葉、話し言葉、若者言葉、丁寧な言葉、くだけた言葉など、このような言葉の性格の違いを専門的には「位相」(英語ではレジスター）と呼びます。フランス語に限りませんが、言葉を学習する上で重要なのはそれぞれの単語がどのような位相に属する言葉であるかをよく理解しておくことです。それでは具体的な例を通して、フランス語の語彙の多層性の実体を見ていきましょう。

言葉の多層性の実例

フランス人はサッカーや柔道も好きですが、もう一つ彼らが好きなスポーツがあります。それは自転車競技です。毎年夏になるとフランスを一周して最後はシャンゼリゼでゴールするツール・ド・フランスle Tour de Franceという自転車レースが世間を賑わせます。さて自転車をvéloと言うのはフランス語を習った人ならみんな知っているでしょうが、英語のbicycleに対応するbicyclette という単語もあります。1970年代頃までにフランス語を習った人の中で教科書でvéloという語を習った人は非常に少ないのではないかと思います。自転車はbicycletteと習ったはずです。どちらの語も自転車という意味ですが、どう違うのでしょうか。仏和辞書でvéloを引くと［話］と語層が示されています（私見ではこの語層指示はもう外すべきです）。実際、日常的にはフランス人達は自転車のことをvéloと言っていて、bicycletteと言う人はまずいません。自転車のレンタルもlocation de vélos、あるいはlocation véloと書いてあります。マウンテンバイクはvélo tout-terrain、略してVTTと言います。また街にたくさんあるスタンドで借りてどこのスタンドででも返すことができる、フランスの多くの街に存在するレンタサイクルシステムはパリではVélib'という名前ですが、これはvéloとliberté「自由」から作られた新語です。自転車でパリの街を自由に走ろうという意味でしょう。

一方bicycletteはたとえばシャンソンのタイトルや小説のタイトルなどで見かけます。イブ・モンタンが歌った有名なBicycletteというシャンソンがあります。あるいは80年代にベストセラーになったLa Bicyclette bleue『青い自転車』という小説もありました。どうも現在ではbicycletteにはややあらたまった感じ、あるいは書き言葉的なニュアンスがあるようです。この差を日本語で表わすのは難しいでしょう。日本語にも自転車を指す言葉としては1970年代以降に広まったチャリ（ンコ）という言葉がありますが、ある程度定着したママチャリという語は別として、チャリ（ンコ）は誰もが使う言葉ではないでしょう。

実は自転車を表わす言葉はフランス語にはまだ他にもあります。フランスでは自転車や小型バイクなどを販売したり修理したりする店の看板によくbécaneと書いてありますが、これも自転車を意味します。ただしこの語は自転車や小型バイクmobyletteだけでなくバイクmoto一般を指すこともあります。留学していた時に若い学生から教えてもらった言葉にbiclouという語があります。biはbicycletteのbiと同じで「二」という意味です。clouは「釘」ですが、金属でできた器具や機械を指すことがあり、clouだけでも自転車の意味でも使われます。一方、bicycletteの省略語としてbicloという語が作られ、その後clouの影響でbiclouという形の言葉ができたようです。この語はやや古くなったと聞いたこともありますが、Le Biclouという名前の自転車関係の雑誌もあるようです。またパリのVélib'と同じシステムをナント市ではBiclooと呼んでいますがこれは明らかに biclouをもじったものです。並んだ二つのoの文字が自転車の車輪に見えませんか。最後に自転車一般をいう時にla petite reine、文字通りには「小さな女王」という意味の表現も用いられます。これは1890年に10歳で女王の位を継ぎ、国内を自転車でよく巡った自転車王国オランダのヴィルヘルミンヌ女王にちなむ表現です。

日本語	フランス語
自転車	bicycletteu, la petite reine vélo
チャリ、ママチャリ	bécane biclou (biclo), clou

自転車同様に、voiture「自動車」にも他にいくつかの言い方があります。教科書などではautomobileの省略されたautoを今も時々見かけますが、この言い方はもう古いと言ってよいでしょう。voiture以外に日常的によく聞くのはbagnoleとcaisseです。ただこの二つの言葉はbicycletteに対するvéloほどの一般性はまだ獲得していません。véloは中立的なイメージの言葉ですが、bagnoleとcaisseには人によってはまだあまりいい印象を持たない場合もあるようで、全く飾らない性格だった留学時代のフランス人の友達もこれらの言葉は嫌いだと言っていました。さらにくだけたtireという言い方もあります。時には自動車を「乗り物」を表わす上位語を用いてvéhiculeと言うこともあります。2000年までは車検制度のなかったフランスでは以前は状態のひどい車も見かけました。友達に車に乗せてもらったら、床に穴が開いていて地面が見えたのを覚えています。そんなおんぼろの車はguimbardeと言いますが、謙遜や冗談から単に車の意味でも用いられます。

これも留学前には知らなかったものの、フランスに暮らすようになってすぐに覚えた単語が先に挙げたbouquin「本」です。これはゲルマン系の単語で、語源的には英語のbookともつながる言葉です。「本」を意味するlivreは基本単語の一つですが、フランス人の学生達は普段はみんなbouquinと言っています。本屋の店員さんもlivreと言ったりbouquinと言ったりしています。授業で先生がある本のことを話す時にはlivreと言う可能性が高いと思いますが、クラスの雰囲気によっては特に若い先生はbouquinと言うこともあるでしょう。日本語にも「本」以外に「図書」「書籍」「書物」などの言葉がありますが、いずれも日常的に本のことを言う時に使う言葉ではないでしょう。

自転車と自動車、本の場合を見ましたが、このようにフランス語には同じ物を指すのに、日常的に二つあるいはそれ以上の数の言葉が存在することがよくあります。もちろん日本語でも「さし」と「定規」、「かぼちゃ」と「なんきん」のように同じ物を指して二つの言葉が使われることはありますが、それは方言による地方的な違いであったり、専門家や一部の人が使う特殊な言葉（隠語、業界言葉）と一般の人が使う言葉との違いである場合が多いのです。一方、フランス語の場合はvéloとbicycletteのように、「日常的な語」または「よりくだけた語」と「ややあらたまった語」という図式でかなり広範囲に言葉の二重性が存在しています。単語が二つだけとは限りませんし、単純に「日常的な語」と「ややあらたまった語」という二項対立だけで説明がつかないことも多くあります。このような現象が言葉の多層性です。

◎—— 動詞・形容詞の例

ここまでは名詞について多層性を見てきましたが、この現象は名詞だけに限られるわけではありません。他の品詞の例も少し紹介しておきます。

フランス語の最も基本的な動詞と言えばfaire「する、作る」でしょう。「する」の意味では、fabriquer、ficher（またはfiche）、foutreなどが話し言葉でよく用いられます。たとえば「何をしているんだ」という文はそれぞれ丁寧であったりぞんざいであったりという違いはありますが、いずれの動詞を用いても言えます。

Qu'est-ce que tu fais (fabriques, fiches, fous) là ?（What are you doing there?)

くだけた表現であるficherとfoutreにはこれらの動詞を用いた熟語的表現がたくさんありますので、耳にすることも多いことでしょう。

次にtravaillerは英語のworkと同じように、「働く」と「勉強する」を意味していますが、どちらの意味でも日常語ではbosserと言うのが一般的です。辞書でbosserを引くと「あくせく働く、せっせと働く」のように副詞が付いていることが多いのですが、実際は普通に「働く、仕事をする、勉強する」という意味です。勉強の話をしている学生どうしの会話ではbosserという動詞が飛び交ってもまずtravaillerは聞こえてこないでしょう。もちろんこのbosserを使うのは学生だけではなく、一般の人も仕事をするという意味で日常的に用います。因みに「仕事」の意味の名詞travailのほうは、日常語ではboulotがよく使われます。パリなどの大都会の単調な毎日を揶揄する « Métro, boulot, dodo » という韻を踏んだ有名な表現があります。地下鉄métroで通勤して仕事boulotをしてまた地下鉄で帰宅してあとはおねんねdodoするだけという意味です。dodoはおそらくdormir「眠る」の最初のdoを繰り返して子供に「おねんねしなさい」と呼びかけた間投詞で、現在ではfaire dodo「眠る」のように名詞としても用いられます。

眠ることと同様に大事なのが食べることですが、「食べる」という動詞はもちろんmangerです。しかしこの動詞にも日常的な別の言い方があります。最も一般的なのはboufferでしょう。訳語についてですが、辞書によっては「食う、ぱくつく、がつがつ食べる」などとありますが、やはり不自然です。Bon, on va bouffer ? (Well, are we gonna eat?) というのは親しい者の間で「じゃあ、ご飯

食べに行こうか」という感じで、boufferはあくまでもmangerと同じ意味です。ただし、これは友達や同僚など親しい者の間で使う言葉であって、学生が先生に一緒にご飯食べに行きましょうかと誘う時にはやはりmangerを使うべきでしょう。もっとくだけた言葉としてはboulotter、becqueterなどがありますが、これらもどんな人がどんな状況でどんな人に対して使うのかが異なるのであって、あくまでも「食べる」という意味です。

基本的な動詞の例をもう少し挙げておきます。「笑う」は教科書ではrireと習いますが、日常的にはほとんどrireを耳にすることはなく、その代わりにrigoler、あるいはse marrerと言うのが一般的です。以下の表現は単に笑うだけでなく「大笑いする」というニュアンスがやや強くなるようですがse bidonner、se poiler、se gondolerなど「笑う」にはくだけた表現がまだまだあります。またdonner「あげる（与える）」（= give）に対しても会話ではfilerという動詞が使われることがよくあります。filerは元々意味の多い語で「尾行する」や、また自動詞としては「逃げる」などの意味もあるので注意が必要です。「あげる」と「尾行する」や「逃げる」とではあまりに意味が違うように思えますが、いずれも物や人の直線的な動きという抽象的なスキーマでつながってくる多義語です。因みに関係する名詞のfilは「糸」という意味です。

やはり基本的な動詞であるcomprendre「理解する」に対して日常的にはよくpigerという動詞が用いられます。piège「罠」と関係のある語で元々は「捕まえる、捉える」という意味だったのが比喩的に「把握する、理解する」という意味に拡張されたものです。

Je n'y pige rien. (I don't get it at all.)「それについては何も分かりません」

のように使います。さらにくだけた表現としてはentraverも「理解する」という意味です。綴り字が全く同じのentraver「邪魔をする」という動詞とは語源が違っています。

今度は形容詞の例です。フランス人がよく使う形容詞にembêtantというのがあります。「困った、厄介な」のような意味です。何か困ったことが起きるとフランス人はすぐにC'est embêtant.「厄介だな」と言います。これも教科書的にはennuyeux、gênant、fâcheuxなどが思い浮かびますが、話し言葉としてはembêtantが最も良く用いられています。やはりよく耳にする形容詞に

dégueulasseという語があります。省略して短くdégueuと言うこともありますが「ひどく汚い、とても嫌な、最低の」といった意味で、dégoûtant、malpropre、répugnant、écœurant、odieuxなどに代わって広く用いられます。この二つの形容詞は、どちらかと言うとやや書き言葉的な複数の形容詞を広くカバーするように用いられているという特徴を持っていますが、話し言葉とやや丁寧な語という二重性を構成していることにかわりはありません。

もう少し単純な例も見ておきましょう。tranquille「静かな、落ち着いた」という形容詞は-illという綴り字を [j] ではなく例外的に [l] と発音する単語として必ず教科書に出てくる形容詞です。この形容詞はさして書き言葉的という感じではありませんが、会話ではpeinard（またはpénard）という形容詞が同じ意味でよく使われます。

Ce petit bar à vin, c'est un endroit peinard. (This little wine bar, it's a snug spot.)

「このワインバーは心地よいところだ」

のように使えます。

◎── 言葉の多層性と人間関係

動詞についてもたくさんの例がありますが、言葉の多層性はことに名詞の場合に顕著です。例を挙げていけば切りがありません。それではどうしてフランス語にはこのような言葉の多層性が存在するのか少し考えてみましょう。前にも見たように、「ややあらたまった表現（書き言葉的な表現）」対「日常的な表現、口語的な表現」という対立軸が先ずあるのは確かです。「自転車」のbicycletteとvéloの場合などは比較的きれいにこの対立に当てはまるでしょう。また「本」のlivreとbouquinやコラムで取り上げた「お金」のargentとfricなどもおおむねこの図式で説明がつきそうにも思えますが、しかしlivreもargent

もbicycletteほどはあらたまったという感じはなく、bouquin、fricと共に日常的にも用いられますので、話はそう簡単ではありません。「ややあらたまった表現、書き言葉的な表現」というのは「やや古風な表現」というニュアンスで捉えられる時もあります。実際bicycletteにはやや古風な語という説明が付いている場合もあります。また、「自動車」のvoitureとbagnole、caisseの場合はvoitureが最も標準的な言い方です。それではbagnoleやcaisseはどのような感じなのでしょう。bagnoleはbouquinやfricと同じ感じかもう少しくだけた感じでしょうか。caisseの方はさらにもう少しくだけた表現ということになるでしょう。よく「俗語」「俗っぽい表現」という説明が使われることがあります。これらの日本語には品が悪いというニュアンスがあり、誤解を与えてしまう恐れがあるのであまり使いたくないのですが、車を意味するcaisseの場合は多少とも品が悪いと言っていいかもしれません。biclouやcaisseは元々はあまり状態の良くない自転車や車のことを指す言葉だったものが自転車や車を一般的に指す言葉になったという経緯が、これらの言葉そのものに多少ともマイナスのイメージを生み出したと考えることができます。

あくまでも私の経験に基づく非常に個人的な理解による単純化ですが、これらの語をあらたまった表現とくだけた表現を両端とする軸の上に並べてみると以下のような感じになるかと思われます。

このようないわば静的な理解に加えて、より大事なのは動的な理解です。使われる状況や雰囲気、誰が誰に話しているのかといった社会的な要素を考慮する必要があるのです。中でも重要なのは親疎、つまり会話をしている人と人の間の距離が単語の選択によって表わされているという点ではないかと思います。あるフランス人によると、自分は日常的にはbagnoleとは言わないが友達が素

敵な車を買ったのを見たら「なんて素敵な車なんだ」と言うのにQuelle belle voiture !（What a beautiful car!）ではなく bagnoleを用いてQuelle belle bagnole ! と言うだろうとのことでした。もしもこの時にvoitureを使うと感情がこもっていない感じがすると言うのです。

まとめ

フランス語の語彙の多層性について見てきましたが、フランス語でもくだけた言葉の中には時に品が悪く、使う相手によっては失礼になる言葉や、一部の人しか使わないような言葉もあります。そのような言葉も含めて、多くの場合、くだけた言葉を使うことで仲間意識や連帯感のようなものを感じさせることが多いと言えるでしょう。そもそも隠語や業界用語というのはそういう性格のものです。

結局フランス語の単語の多層性というのは、人間関係における距離、つまりは親疎の関係を表わしていると考えられます。いくら外国人でもいつもいつも教科書的な単語や表現だけを使っていると、あいつはすました奴だとか、打ち解けない奴だと思われてしまうこともあるのです。下品にならず、なおかつ親しい関係を言葉遣いで築いていくのはなかなかハードルが高いのですが、同時に外国語を学ぶ醍醐味の最たるものではないでしょうか。

考えよう

日本語にも非常によく似た意味の単語が複数存在するという現象は見られます。そこで、今回の課題はそれに関連するものを挙げてみたいと思います。

以下の単語の間にはどういった違いが感じられるか、話し合ってみましょう。

(1)「昼食」と「ランチ」　(2)「旅館」と「ホテル」
(3)「パンツ」と「ズボン」　(4)「チョッキ」と「ベスト」

これ以外にも、似たような組み合わせの単語を挙げてみてください。
また、機会があれば、世代間の違いは無いか調べてみるのも良いでしょう。

麦の国におけるお金の話

本文でも触れましたが留学時代に全く飾らない性格の友人（フランス人）がいました。その彼はbagnole（車）という言い方は嫌いだと言っていたのですが、お金のことはいつもargentではなくfricと言っていました。教科書ではお金はargentですが、日常的にはfricが最もよく使われます。他にもpognonやsou(s) も比較的よく耳にします。fricだけでなくpognonその他のお金を表わす口語的な語には辞書でよく「ぜに」や「おあし」という訳語が付けてありますが、少しニュアンスが異なります。日本語では冗談ぽく言う時以外には「ぜに」も「おあし」もほぼ使わないでしょう。使われるのはせいぜいテレビの時代劇ぐらいです。

souは額が小さい昔の貨幣単位で、以下のような言い方をします。

Je n'ai pas un sou. (I don't have a penny.)

「私は一文無しだ、一銭も持っていない」

訳にあるようにちょうど日本語でも江戸時代の「文」という最小単位や戦前の「銭（せん）」という最小単位を使った表現があるのと似ていますが、souは「文」や「銭」よりも広くお金の意味で使われます。

他にも「麦」を表わすbléがお金の意味でも使われます。お金がないことをJe suis fauché(e).と言いますが、fauchéというのはfaucher「刈り取る」という動詞の過去分詞です。つまり「刈り取られて麦がない」＝「一文無しだ」というわけです。

第5章

先生はprof、警官はkeuf

省略語、逆さ言葉

はじめに

前章ではフランス語の言葉の多層性についていろいろな例を見ました。実はフランス語の言葉の多層性を作り出している原因はまだ他にもあるのです。

その一つは「省略語」対「非省略語」という図式です。前にも述べましたが、フランス語は英語のような強弱アクセントを持つ言葉ではありません。単語の中のすべての母音が同じ価値を持っているので、長い単語は発音される時間が長くなります。そのためか長めの語や表現は短く省略されることがよくあります。たとえばpublicité「広告」は日常的には短くpubと言うことが多く、adolescent「若者」もadoと省略された形をよく耳にします。そうした省略語が定着すると、元の非省略語との間で位相の違いが出てくるようになり、第4章で見たような言葉の多層性を構成することになります。

もう一つは特に都市の郊外の若者達が好んで使う逆さ言葉です。日本語でも昔から使われている「ドヤ街」のドヤは「宿」の逆さ言葉ですし、「ネタ」は「たね」の逆さ言葉です。またテレビなどで一部の芸人達が「うまい」に対して「まいう」と言ったりするのも一種の逆さ言葉です。フランス語にはこの逆さ言葉が非常にたくさんあります。たとえばfête「パーティー」は逆さ言葉ではteufとなります。この逆さ言葉も言葉の多層性に関係しています。この章ではこの二つの現象について見ていきます。

省略語が大活躍

それでは先ずよく使われる省略語の例から見ていきましょう。

「(高校、大学の)教師」professeur / prof (profは性の決まっていない共生名詞です)

「大学」faculté（université）/ fac
「数学」mathématiques / maths
「哲学」philosophie / philo
「大学入学資格（バカロレア）」baccalauréat / bac

これらはいずれも学校関係ですが、学生達だけでなく一般の人達も用いる言葉です。たとえば、professeurに対するprofという語は日常的に「教師、先生」の意味で使われる言葉で、ネガティブなニュアンスはありません。テレビ番組などで職業を尋ねられた人が「私は日本語の教師です」と答えるのにprofを使って、

Je suis prof de japonais.（I'm a teacher of Japanese.）

と答えても全く問題はありません。上に挙げたもの以外にも「政治学」sciences po（sciences politique）、「地理学」géo（géographie）、「体育、体操」gym（gymnastique）など、科目名には省略語が多いようです。日本語でも学生達の間で使われる科目名の省略された言い方がいろいろとあるようですが、それらはまさに学生言葉という感じで、それらの言葉を教師が使えばいかにも学生に媚びているという嫌な感じがしますが、上に挙げたフランス語の省略語は誰でも使うごくごく普通の言い方です。

今度は学校関係以外の省略語を見てみましょう。フランスと言えば美食の国で、街にはレストランがたくさんあります。このrestaurantも日常的にはrestoまたはrestauと言うことが多く、コメディアンの故Colucheが創設したホームレスの人や貧しい人々に食事を提供するNGO「ハートcœurのレストラン」も、一般にLes Restos du cœurと呼ばれています。フランスには国の補助がある大学生用の学生食堂がありますが、これもみんなresto uと言っています。このuはuniversitaire「大学の」というちょっと長ったらしい形容詞の省略で、cafétéria universitaireもcafet'uと言ったりもします（cafetはcafétériaの省略語です）。私が留学していたストラスブール大学では、19世紀末のドイツ領だった時代に建てられたネオルネッサンス様式の歴史的な建物Palais universitaireはPalais uと呼ばれていました。パリの国際学生都市cité universitaire internationaleも一般にcité uと呼び慣らわされています。因みに名詞の「大学」universitéという語も長い語ですが、日常的にはfaculté「学部」の省略語を使ってfacと言うのが

一般的です。ついでながらフランスでは、1968年のいわゆる「5月革命」の後の改革で学部制度は廃止されました。

美食やファッション以外にフランスの名物は何かと聞かれたら、私はデモとストと答えたくなります。実際、フランスはデモとストの多い国です。grève「スト」は省略とは関係ありませんが、デモの方はmanifestation「デモ」を省略したmanifが日常的に用いられます。ついでながらデモに参加することはフランス語ではdescendre dans la rue「通りに降りる」と言います。「通りには誰もいない」と言う時も

Il n'y a personne dans la rue. (There's nobody on the street.)

とdans「中に」という前置詞を使いますが、パリに行ってみればなるほどと思います。建物はほとんど7階建てぐらいで、通りはまさにそんな建物に囲まれているので周りを囲まれた空間という感じがあるからです。

フランスの夏は日本ほど暑くないとは言え、地球温暖化の影響で近年は暑い夏が増えてきましたし、暑い期間も長くなってきました。「扇風機」ventilateurが馬鹿売れしたり、個人でも何らかの冷房装置を備える人が出てきたそうです。暖房は一般にセントラル・ヒーティングchauffage centralが普及しているので、冷房装置はエアコンというよりクーラーですが、これもclimatisationを省略して一般にはclimと呼ばれています。温暖化と言えば、環境問題についてはフランスでも人々の意識が高く、環境派は政治的にも大きな力を持っていますが、環境派、環境問題の運動家écologisteはécoloと呼ばれます。

◎—— 元の表現を駆逐した省略語

ここまでに挙げた例は元の言葉も省略語も状況でどちらも用いられましたが、省略語の方が一般的になって元の語はほぼ使われなくなってしまった場合もあります。前にも métro「地下鉄」という語が出てきましたが、これは実は chemin de fer métropolitain「首都鉄道」という長い名前が先ず métropolitain と省略され、それがさらに省略されてできた語です。métropolitain は「主要都市の、首都の」という意味の形容詞です。日本でも東京メトロと会社名で使われていますが、大阪の地下鉄も民営化されて大阪メトロとなりました。また「天気予報」は météo と言いますが、これも元の単語は météorologie と長くさらに発音しにくいこともあったのか、météo が一般的な語になっています。「天気予報」は少し丁寧には prévision météorologique とも言いますが、「天気の」という形容詞も長いのでこの場合も prévision météo と言うのが普通です。第1章で「写真機」の話を出しましたが、appareil photographique も形容詞を省略して appareil photo となります。名詞の photo「写真」は photographie の省略でこちらも photo が一般的な語として用いられています。

他に省略語が一般的な語になった例として télé「テレビ」があります。これは télévision の省略です。TV という省略語もありましたが、現在では télé と言います。くだけた言い方では téloche とも言います。ついでながら cinéma「映画」を ciné や cinoche と言う場合と似ています。なおテレビなどのニュースは informations（複数形）と言いますが、これも日常的には infos という省略形が使われます。

昔の映画でよく大型船の上でデッキチェアーに座っている場面がありましたが、今では屋内や庭などで用いる折りたたみ式のデッキチェアーのことを transat [trɑ̃zat] と言います。これは transatlantique の省略で、元々は大西洋横断定期船を意味していましたが、そこからその船に備えられたデッキチェアーを意味するようになり、今では transat という形で一般に用いられるようになりました。

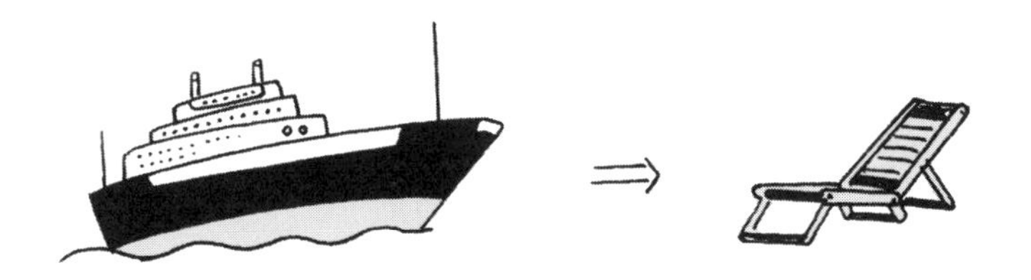

近年よく耳目に触れる言葉にbioがあります。これはbiologique「有機農法の」という形容詞の省略語で、形容詞として広く用いられています。たとえばproduits bio「有機作物、自然食品」、restaurant bio「有機作物、自然食品を用いたレストラン」のように用いられます。因みにvin biodynamiqueという表現を目にすることがありますが、こちらは一般の有機ワインよりも厳しい条件でブドウの栽培とワインの醸造を行なったもので、vin bioと区別するために省略形は使わずに記されています。

フランス人が多用する形容詞にsympathique を省略したsympaがあります。人や人の行為、パーティー、場所など広く「感じがいい」という意味でC'est sympa !（That's nice!）のように用いられます。「完璧な」という意味の形容詞impeccableとその副詞impeccablementも会話ではよくimpecとなります。「最高の」という意味のextraordinaireもextraと言うのが一般的です。

métroやmétéo、télé、transat、sympaなどは省略された語が一般にみんなが使う語になっています。一方、完全な形がやや丁寧な言い方で、省略語が一般的な言葉、あるいはややくだけた表現という図式になっている場合もあるわけです。

◎―― 逆さ言葉verlan

ここからは逆さ言葉というものを紹介したいと思います。フランスにはマグレブ（またはマグリブ）地方と呼ばれるアルジェリア、モロッコ、チュニジア出身の北アフリカ系アラブ人移民が多く、その結果、現在ではフランスで生まれ育ったアラブ系のフランス人が多く住んでいます。そのような若いアラブ系フランス人のことをbeur（女性形はbeurette）と呼びますが、この語はarabeという語に由来する**逆さ言葉**です。このような逆さ言葉のことをフランス語ではverlanと呼びます。この語そのものがà l'envers「逆さに」という表現のl'envers [lɑ̃vɛr]をひっくり返すことによって作られた語です。

逆さ言葉は主としてパリの郊外に住むマグレブ系を中心とする若者達の間で使われていたものが、1970年代以降に一般の人達にも広く知られるようになっていったものです。よく使われる逆さ言葉は今ではフランス語の単語の一部として定着して、元の言葉との間にやはり言葉の多層性を構成することになりました。今では辞書に記載されている逆さ言葉もいくつかあります。逆さ言葉は基本的にはよりくだけたニュアンスを持つ位相に属しており、中には普通の人が使うには少し品が悪いという言葉も多くあります。ただ上で挙げたbeurなどは既に一般化した語となり仏和辞書にも載っています。それだけbeurが逆さ言葉であるという意識がなくなり、今ではbeurの逆さ言葉としてrebeu(e)またはreubeu(e)という逆さ言葉も使われていますが、こちらはbeurよりもさらにくだけたニュアンスを持っています。このbeurの場合は元のarabeが「アラブ人」という意味だったのに対して、「フランス生まれの若いマグレブ系のアラブ人」を意味していて、元の言葉と逆さ言葉で意味が異なっている点でやや特殊なケースと言えます。だからこそbeurが早くに独自の語としての市民権を得て、さらにもう一段逆さ言葉が生まれたと考えられます。

先ずは比較的よく使われる逆さ言葉の例を挙げておきます。矢印が二つあるのは逆さ言葉の逆さ言葉がある場合です。

「お母さん」mère → reum, rèm; 「お父さん」père → reupé, reup, rèp

「兄弟」frère → reufré, reuf; 「姉妹」sœur → reusse

「女」femme → meuf → feumeu; 「男」mec → keumé, keum

「ならず者、郊外の若者」racaille → caillera, caille

「警官」flic → keuf → feukeu

「腐敗した」pourri → ripou(意味は「(警官が)買収された」(形容詞)、「汚職警官」(名詞)に特化している)

「落ちる」tomber → béton

「盗む、ナンパする、デートする」choper → pécho

「さあやれ」vas-y → ziva

「黙れ」ta gueule → gueulta

ここでは親族名称をはじめ、日常的によく用いられる語を取り上げました。

単語だけでなく、vas-y → ziva や ta gueule → gueulta のようによく使われる短い成句も逆さ言葉の対象になります。これらの言葉は郊外の若者の間で受け継がれて用いられていますが、映画やテレビ、漫画、ラップなどの音楽、郊外を舞台にした小説などを通して今では一般のフランス人にもかなりよく知られるようになりました。beur のように一般化した語を除いて、ネイティブではない私達が逆さ言葉を口にする機会もまたその必要もありませんが、ある程度の言葉は理解できるようにしておかないと、映画のせりふや歌の歌詞、現代小説の理解でとまどうことになります。たとえば Claude Zidi 監督の Les Ripoux という映画（1984）がありましたが、この映画のタイトルは上で見たように pourri の逆さ言葉で「腐敗警官」という意味です。あるいは Mathieu Kassovitz 監督の La Haine「憎しみ」（1995）という郊外を舞台にした映画がありましたが、登場人物達がよく逆さ言葉を使っていました。また社会派の歌手として人気のある Renaud に Laisse béton というアルバム（1977）がありますが、béton は tomber「落ちる」の過去分詞 tombé から作られた逆さ言葉です。laisse béton つまり laisse tomber は Renaud の歌の中では「かまうな、ほっといてくれ」という意味です。ripou、beur、keuf、meuf などは現在では多くの辞書に見出し語として載っていますが、さすがに béton や pécho を取り上げている辞書はないようです。いろいろある口語・俗語辞典にも、逆さ言葉はほとんど取り上げられていません。しかし、ある程度慣れると逆さ言葉に遭遇しても文脈の助けも借りて元の語を推測できるようになります。それは逆さ言葉が作られる場合、一定の規則や傾向があるからです。

◎―― 逆さ言葉の作り方

逆さ言葉は元々はマグレブ系の若者達が自分達の会話が大人達や他のフランス人に分からないようにするという目的があって発達してきたものですが、フランス人の若者達が好んでくだけた言葉を用いるのと同様に仲間意識や時には積極的なアイデンティティーの表出の手段となっていると考えることができます。ラッパー達が好んで逆さ言葉を使う現象などには既成の社会に対する抵抗の意識を見ることもできるでしょう。

こういった経緯を考えると、最初からいつでもどこでも必ず適用されるような厳密な規則があったとは考えられません。先行研究を踏まえながら主な規則を少し整理してみました。

1音節の語の場合：
a）母音で終わっている場合は単純に子音と母音をひっくり返します。語末に発音されない子音がある場合は一般に無視されますが、nezやculのような例外もあります。

「すごい」fou → ouf; 「私」moi → oim, ouam
「指」doigt → oide, wad; 「猫」chat → ach
「鼻」nez [ne] → zen [zɛn]; 「尻」cul [ky] → luc [lyk]

b）発音が子音で終わっている場合はその発音されている子音、また子音＋発音されないeで終わっている場合もその子音にeu（時にe）を加えてからひっくり返します。かっこ内は想定される途中の過程です。

「（人が）うんざりな」lourd [lu:r]（dは無視する）→ relou, reulou
「バス」bus（→ buseu）→ seubu; 「女」femme（→ femmeu）→ meuf
「警官」flic（→ flikeu → keufli）→ keuf（語末音省略）
「兄弟」frère（→ frèreu）→ reufré → reuf（語末音省略）
「黒人」noir（→ noire）→ renoi

2音節の語の場合：
二つの音節を入れ替えます。

「フランス人」 français → céfran; 「人種差別主義者」raciste → cistra
「ひも、ポン引き」maquereau（→ makro → kroma）→ krom（語末音省略）

逆さ言葉は単音節または2音節の語が多いのですが、これは音節をひっくり返す前に語頭が省略されたり、ひっくり返してから語末が省略されて結果的に音節が減ることも多いからです。

3音節以上の逆さ言葉も「ポルトガル人」portugais → gaituporや「たばこ」cigarette →garetsi, retsigaのように多少はあるようです。細かく見るとqはkに置き換えられていたり（「誰？」qui→ik)、二重子音が簡略化されていたり（femme→meuf)、語中の[ə]（いわゆる無音のe）は無視されていたり、語中の広いe [ε]が語尾で狭いe [e]に置き換えられていたり（mec→keumé）、上の規則に加えてさらに周辺的な規則や傾向があるので、実際はもう少し複雑です。たとえば語末の音がどのように落ちるのかを厳密な規則の形で説明するのはかなり難しいのではないかと思います。

また形の面だけでなく、意味に関しても注意が必要です。arabeとbeur、pourriとripouの場合は、逆さ言葉では元の語の意味の一部の領域に意味が特化しています。またfemmeという語には「妻」と「女」の意味がありますが、逆さ言葉のmeufはもっぱら「女」の意味で用いられます。ma meufは「私の妻」ではなく「俺の女、僕の彼女」です。maquereauも「鯖」と「ひも、情夫」の意味がありますが、魚屋で鯖を買う時に誰も逆さ言葉は使わないでしょう。kromはもちろん「ひも、情夫」の意味です。

◎── まとめ

第4、5章でフランス語の言葉の位相について見てきました。英語などにもいわゆるスラングとか隠語と呼ばれるものが存在しますが、スラングや隠語と言った場合、そこには常にネガティブなイメージや閉鎖的なニュアンスが伴います。つまりスラングや隠語は社会的あるいは年代的に特定されるあるグループや、特定の職業仲間の人でなければ知らなかったり理解できないような言葉を指します。確かにフランス語の表現についても特に逆さ言葉などは一部の表現を除いてスラング的、隠語的と呼べる面もあるかと思います。ただ、フランス語では日常的に用いられる語が二重三重に層をなして使い分けられていて、ネイティブでなくともそれらの言葉とそれぞれの言葉の属する位相をよく理解している必要があるという点が特異なところです。

なお、第4、5章で取り上げたようなくだけた表現にはあまり出会うことはないのではないかと思われた読者がおられるかもしれませんので念のために付け加えておきますが、二つの章で取り上げた表現は逆さ言葉の一部を除いて、私がフランス人とのつきあいや映画、漫画、シナリオ、現代小説などを通して実際に出会ったものがほとんどです。

考えよう

本文でも触れられていた「集団語」というのは非常に面白いトピックです。「暗号」も特定の集団内のみで通用すると考えると、集団語（隠語）の一種と考えて良いでしょう。例えば、シャーロック・ホームズの『踊る人形』では暗号の意味が分かって怯える人間（つまり、その暗号が使用される集団に属する人間）と、それが暗号であることにすら気づかない人間（つまり、その暗号が使用される集団の外にいる人間（＝ワトスン博士））の様子が描かれています。

次に挙げる表現はそれぞれ、ある集団内でのみ使用されるものです。その集団に属していない人が見ると何を意味しているか分からないものが多く、「暗号」のように見える（聞こえる）ことでしょう。ひょっとしたら、全て分からない人もいるかもしれません。それぞれの意味が知りたい方は、周囲の人に聞いてみてください。その際、自分とは異なる背景の人（年齢、職場（アルバイト）、趣味等が異なる人）に聞いた方が良いでしょう。

「ワンチャンあるよ」「事象述語が属性を表している」
「死亡フラグがたった」「サードウェイブコーヒーを代表する店」

また、自分の職場やアルバイト先、友人間でのみ用いられている表現を周囲の人と紹介し合ってみましょう。

日本語からのふりかえり ❸

さて、ここで3度目のふりかえりです。本文では、フランス語の略語や逆さ言葉を例に挙げ、語彙の多層性に関する話が展開されていました。単に、略語・逆さ言葉の紹介だけでなく、それと位相とを関連付けて述べられている点は重要です。このふりかえりでは、同じ事物を呼ぶのに複数の表現が存在する際に知っておきたいことを日本語を例に挙げながら確認していきましょう。

例えば「風邪」という病気がありますが、これを「(普通) 感冒」と呼ぶことも (呼ぼうと思えば) 可能です。つまり、ほぼ同じ病気を指すのに少なくとも2通りの呼び方があることになります。ただし、この両者には違いを感じる人も多いでしょう。それは恐らく、前者に比べ後者の方が「専門的である」という違いなのではないかと思います。これが本文で述べられていた、同じ事物を呼ぶのに複数表現が存在し、その一方に「専門的である」という印象を持つということです。この点についてフランス語では、(上記のような違いも多少はあるものの) 語の「使い分け」が人と人との距離の調整等に関わるという指摘がされていたわけです。そして、複数の表現が誕生するメカニズムとして、省略 (略語) や語順の入れ替え (逆さ言葉) 等の存在が挙げられていたのでした。

では、こうした「同じ」事物を表す語が複数存在する状況を、言語学の世界ではどのように捉えるのでしょうか？ 少し見ていきましょう。

例えば、【A】という表現と【B】という表現が極めて似た事物を表す場合、一般的には (つまり、言語学の世界の外では)「表現【A】と表現【B】は同じ意味だ」と言われることがあるようです。英語の授業で「受け身文」を学んだ際に、受け身文と能動文の間の意味は同じだと勉強した人は多いのではないでしょうか？

(1)　弟が僕の自転車を壊してしまった。　〈能動文〉
(2)　僕の自転車が弟に壊されてしまった。〈受け身文〉

こうした立場で考えると、この第4章と第5章で見た様々な (意味が非常によく似た）表現に対して「全部“同じ意味”ではダメなの？」という疑問が生じるかもしれません（「そんな疑問は、まったく生じません」という方は次のパラグラフは読まなくても問題ありません）。

しかし、言語学の世界ではこの点についての考え方が少し異なります。言語学の世界では、非常によく似た意味の言語形式であっても、形式が異なればそれらの形式の間には必ず意味においても異なりがあると考えます（ただし、この場合の「意味」とは、辞書に載っているような限定されたものだけではなく、第4章・第5章で述べられていた表現間におけるニュアンス等の違いのようなものも含む、広いものです）。この考え方の背景には、まったく同じ意味であるならば、異なる形式のものを複数存在させておくような、記憶の負担等において不経済となるようなことを人間は行わないだろうという考えが存在します。そして、これまでの言語研究の成果は、この考えが言語学の世界だけでしか通用しないような仮説なのではなく、正確な言葉の姿を捉えるために必要なものであることを示しています（よって、これ以降本文中でも「【A】と【B】は同じ（ような）意味」といった表現が見られる箇所もありますが、それは説明を簡略化するために細かな違いを切り捨てたものとご理解ください）。

さて。これまで、上のような考え方はあたかも言語の研究者特有の考え方であるかのような書き方をしてきましたが、必ずしもそうと言い切ることはできず、私達の普段の世界の捉え方にも無意識のうちに現われることがあるように思えます。皆さんは例えば、次のような疑問を持ったり、聞いたりしたことはありませんか？

⑶　カフェラテとカフェオレって、どう違うの？
⑷　ズボンとパンツって、どう違うの？
⑸　どっちも同じなら、「ズボン」って呼べばいいんじゃない？
⑹　問題です。ビスケットとクッキーの違いは何でしょう？

どうでしょう？ ⑶～⑹の発言の背景には、「単語が違えば違いがあるはず。違いが無いなら単語は同じで良い」という考えがあることにお気付きでしょうか？ そしてそれは、上記の言語学の世界での考え方に通ずるところがあるのもお分かりかと思います。

以上で、3回目のふりかえりは終わりです。ここまで読んできた皆さんは、日本語とフランス語の間に言語の違いを超えた共通性が（なんとなく）見え始めた頃なのではないでしょうか？（見えなくても、本書の理解には影響しませんが。）

第⑥章

フランス語の語彙の学習について

言葉は生きている

生きたフランス語を学ぼう

日本のフランス語教育においては長い間日常的な単語や表現を卑俗なもの、下品なものとして軽視する傾向にありました。幸い現在では生きたフランス語を教えることが重視されるようになってきましたが、その際、言葉の多層性（第4、5章を参照）をどのように教えるかはかなり難しい問題です。véloは今では文法の教科書にも出てきますが、fricやflic、bouquinなどを載せている教科書はほとんどないのではないでしょうか。言葉には上で述べたように日常的な言葉、あらたまった言葉といった違いだけでなく、若者言葉、女性・男性特有の言葉、地域特有の言葉、業界用語、ちょっと品の悪い言葉、かなり下品な言葉のように様々な種類があります。多層性のところで説明したように、このような違いを専門的には言葉の位相と呼んでいます。

言葉の多層性を学んで単語それぞれのニュアンスを理解し、また自分でも適切に使えるようになるためにはそれぞれの言葉がどのような位相に属しているのかを知る必要があります。しかしこれはネイティブでない者やフランスに住んでいない者にとっては非常に難しいことです。実際、フランス人の間でもその人の社会階層や職業、年代、住んでいる地域、その人のライフスタイルなどによって、同じ単語に対しての判断が微妙に違ってくることもよくありますので、言葉のニュアンスについてネイティブに尋ねる場合にも注意が必要です。いずれにしても、一つのものを表わすフランス語の複数の単語を異なる日本語の訳語で区別することは多くの場合、対応する語がないので至難の業と言っていいでしょう。訳語が違うのではなく、使われる状況が違うのです。

たとえばenfant「子供」にはよりくだけた表現がたくさんありますが、その一つであるgosseを仏和辞書で引くと「子供」という訳に加え「ちび、ガキ」

などの訳が載っています。確かにいたずらする子供を罵ってSale gosse !と言った時に、「嫌なガキだ、悪ガキめ」という訳を当ててもおかしくないでしょうが、それは文そのものがマイナスイメージを持っているからです。一方で、以下の例は「ガキはいないのかい」ではなく「子供はいないのかい」の方がいいでしょう。

T'as pas de gosses ? (Don't you have children?)

gosseの意味は「子供」でいいのです。gosseに最初から「ガキ」の持つマイナスイメージが付いているわけではないのです。enfantに比べればgosseの方がよりくだけた語なので、Sale gosse !「嫌なガキだ」のようなマイナスイメージの感嘆文ではenfantよりもgosseが用いられるのです。一般にすました文よりも感情のこもった文では、いい意味の時も悪い意味の時も、いずれの場合でもよりくだけた表現が用いられます。

◎── 辞書も万全ではない

第4、5章ではフランス語における語の多層性についていろいろな例を見ました。特に教科書ではあまり目にすることのないくだけた表現は、日頃から意識していないと生きたフランス語を理解する上でのネックになります。

言葉の多層性を構成する日常語の例を挙げ始めれば切りがありませんが、よく使われる例をもう少し紹介しておきましょう。スラッシュの右側がよりくだけた表現です。

「衣服（複数形）」vêtements, habits / fringues

「シャツ」chemise / liquette

「ズボン」pantalon / froc, fute, futal

「髪（複数形）」cheveux / tif(fe)s, tignasses

「靴（複数形）」chaussures / godasses, grolles

「顔」visage, tête / gueule, tronche

「足」jambe / guibol(l)e, pinceaux（複数形）

「男」homme / mec, type, gars

「子供」enfant / bambin, gosse, mome, mioche, gamin

「冷蔵庫」réfrigérateur / frigidaire / frigo

「時間」heure / plombe

「年、歳」age / pige, berge, balais

「医者」médecin / toubib

「犬」chien / clebs[klɛps], clébard

「浮浪者」clochard / clodo

ここで挙げているようなよりくだけた語もその多くは［話］、時に［俗］という語層指示が付いて辞書に載っていますので、辞書を引けば意味は分かります。ただし、辞書に載っている語の位相の指示は大まかな分類です。[話]とあってもそれがどのぐらいくだけた語なのかは実例を通して学んでいくしかありません。最近の辞書では俗語を意味する[俗]という位層指示は非常に少なくなっていますが、仏和辞書に見られる［話］と［俗］という指示の境目はかなり恣意的に思えます。

さらにくだけた語には隠語を意味する［隠］という指示が付いています。俗語と隠語の違いも必ずしも明瞭ではありません。たとえばbar「バー」やcafé「カフェ」を意味するradeという語には手許にある辞書では［隠］という指示があります。確かにこの語を見かける頻度は比較的低いかと思いますが、推理小説などを読んでいるとflic「警官」、flingue「銃」のように一般に辞書では［話］と指示されている語と同じように使われていて、位相が違うとは思えません。個人的な見解ですが、語の使用頻度が位層の指示にある程度の影響を与えているのではないかと思います。

これらの指示はそれぞれの仏和辞書が参考にしているフランスの辞書の指示などに従っているのでしょうが、フランスの辞書に見られるfamilier［話］、

populaire［俗］、argot［隠］といった指示もネイティブとはいえ編集者達の主観的なものであって、客観的な基準があるわけではありません。言語の規範についての意識も編集者によって異なるでしょう。また辞書は常に言葉の変化に追いつく努力はしていますが、言葉の変化の方が常に先行しています。特に20世紀末以降、インターネットなどのメディアの発達も相まって言葉の変化のスピード、そして新しい語や表現が広まるスピードが増している感じがあります。何語であれ、言葉はいわば生きていることを忘れないようにしなければいけません。

◎── くだけた言葉・親しみを表わす言葉の機能

「たばこ」を意味するcigaretteに対してよりくだけたclopeという表現がありますが、あるフランス人（女性）はたとえば駅で青年が近づいてきて

T'as pas une clope à me donner ? (Don't you have a cigarette to give me?)

「たばこ一本もらえないかな」

とcigaretteではなくclopeを用いて聞いてきたら、いい感じなので喜んでたばこをあげるだろうと言っていました。（T'as pasはtu n'as pasの会話的な言い方です。）つまり知らない者どうしでも、clopeという言葉が二人の間の距離を縮める効果があるということです。日本語ではたばこに対して少し時代がかった「もく」という言い方がありましたが、cigarette - clopeは「たばこ - もく」のような組み合わせとは全く違うということです。実はclopeは最初は男性名詞で「吸い殻」という意味だったのですが、次第に「たばこ」の意味でも使われるようになりました。それと並行して、「吸い殻」という意味との差別化をはかるためと本来「たばこ」を意味するcigaretteが女性であることから「たばこ」の意味では女性名詞に変化したものと推測されます。しかしclopeという言葉そのものにはマイナスのイメージはありません。

くだけた語の方が時にはよりプラスのイメージを持つこともあるということをどう考えたらいいでしょうか。Sale gosse !「嫌なガキだ」という表現についてのところで説明したように、プラスであれマイナスであれ、感情のこもった表現とくだけた語が結びつきやすいということです。フランス人は天気が悪い時によくSale temps !「嫌な天気だ」と言いますが、temps「天気」には

enfantに対するgosseのようなくだけた語が存在しないので、この場合は普通に使われるtempsを使うしかないわけです。中立的な語、あるいはやや丁寧な語というのは言ってみれば少しすました語なので、いい意味でも悪い意味でも感情をこめたい時には、もしあればよりくだけた語が好まれるということです。

同じようなことですが、フランス語では親しい間では2人称の主語代名詞にtuを用い、初対面の人など特に親しいわけではない人にはvousを用います。つまりtuを主語にした文は普段は親しみを表わしているわけです。ところが、留学してすぐの頃にフランスで私が道を渡ろうとしたところ車が私の横で急停止して、運転手が私にTu peux pas voir ?「(車が来たのが) 見えへんのか」とtuでどなってきました。つまりここでは初対面の人に対する敬意が取り去られて、tuを使うことで親しみではなく怒りを表わしているわけです。私はどなられたことに腹を立てるのも忘れて、なるほどと思いました。

◎── フランス語の親疎関係、日本語の親疎関係

フランス語を学ぶ立場にある私達外国人はフランス語には言葉の多層性があるということを知った上で、単語の意味だけではなくそれぞれの語がどのような位相に属しているのかという点にも注意を払っていく必要があります。

結局、言葉の多層性というのは、いくつかある単語の中からある語を選ぶことによって、人と人との間の距離、その場の状況における相手への気持ち、怒りや愛情といった感情などを表わす手段として存在しているわけです。そこから連帯感、仲間意識、さらにはアイデンティティーを表出する手段にもなるのです。あるいは逆に人を阻害したり、その人に対する無関心であったり距離を置こうとしていることを表わす手段にもなるのです。

日本語には敬語や謙譲語など、助動詞を中心にして様々な待遇表現があります。また「ね、よ」など終助詞が豊富です。日本語ではこういった言葉を組み合わせることで、対話者の間の親疎の関係を表わしたり調節することができます。一方、日本語の待遇表現や終助詞のような仕組みを持たないフランス語では、単語の選択によって対話者間の親疎の関係を表わすことができます。

今述べた親疎の関係というのは単語の選択と共に、話し言葉的な表現形式や発音の選択によっても表わされていると考えられます。話し言葉的な表現形式というのは、たとえば否定辞ne〜pasのneの省略や、本来は義務的ではない2人称主語代名詞tuの母音字省略、あるいは左方・右方遊離構文の多用、名詞主語の人称代名詞による繰り返し、存在表現のil y a [ilja]がy'a [ja]となるような発音の変化などのことです。先ずは標準的な形を覚えた上で話し言葉的な表現や形式にも慣れ親しむことで、それぞれの人間関係や状況に応じたフランス語を理解したり話したりできるようになっていくのです。

考えよう

ここまで、「単語の選択」による違いを見てきました。しかしここで日本語に目を向けると、単語の選択以外に、「表記の選択」という問題も生じてきます。具体例を見てみましょう。

(1)「たばこ」と「煙草」　(2)「くるま」と「車」
(3)「哲学」と「テツガク」　(4)「体」と「カラダ」

これらには、どういった違いが感じられますか？考えてみてください。

可能であれば、この違いを、日本語を母語としない方にも説明してみてください。

第 2 部

文編

フランス語の解きほぐし方

第7章

君のことはよく分かっている

フランス語はコンパクト

はじめに

第2部では話題を単語から文レベルにまで広げて、さらにフランス語の特徴についていくつかのトピックを設定して検討していきたいと思います。例文が第1部よりも少し難しいかもしれませんが、直訳調の英訳を参考にしながら頑張ってついてきてください。

第1部でフランス語の表現が抽象的なスキーマでいくつかの具体的な意味をまとめていることが多いという、多義性についてのお話をしました。ここでは少し視点を変えて、フランス語の代名詞や名詞を文の中で解釈する時に注意しなければならない特徴について見ていきます。その一つは、フランス語や英語の人を指す代名詞や名詞が人そのものではなくその人の考えや行動を指すことが多いという点です。日本語では「私は彼／山田さんのことをよく知っている」のように「こと」という表現がよく使われます。この「こと」というのは彼や山田さんが考えていることや、その人の性格や行動がどんな風であるかということを意味しています。それに対してフランス語や英語では、代名詞や固有名詞そのものがその人の考えや言動を意味することが多いという特徴があるのです。

もう一つの特徴は、フランス語の抽象名詞が多くの場合、その中に動詞的な意味を含んでいるという点です。たとえばcompréhensionという名詞があった場合、単に「理解」とするのではなく対応する動詞comprendre「理解する」から「理解すること」というように動的に解釈する必要があることが多いのです。

この章ではこのようなフランス語の名詞の性格について具体的に見ていくことにします。

◎—— 日本語に訳すと長くなるわけ

英語やフランス語の文を日本語に訳すと、多くの場合、日本語の方が長ったらしくなると思う人が多いのではないでしょうか。それにはいくつかの原因があります。その一つが代名詞や人を表わす名詞の文の中での働き、つまりそれらが担う意味の広がりにあります。以下の例文を見てください。

(1)　Je ne crois pas qu'il ait dit une chose pareille. Je *le* connais bien.
(I don't think that he said such a thing. I know him well.)
「彼がそんなことを言ったなんて信じられない。彼のことはよく知っているもの」

(2)　Je *te* comprends bien. (I understand you well.)
「君の言いたいこと／君の気持ちはよく分かる」

(3)　*Il* a raison. (He is right.)
「彼の言っていることは正しい」

(4)　Écoutez bien *le professeur* ! (Listen carefully to the teacher.)
「先生の言うことをよく聞いてください」

Écoutez bien la professeure!

日本語で下線を引いた部分はフランス語の人称代名詞や人を表わす名詞に対応しています。普通はleなら「それを、彼を」、teならば「君を」、ilは「それは、彼は」のように覚えます。(英語と違い、フランス語の3人称の代名詞は主語と直接目的語の場合、人だけでなく既出の名詞をも受けることができます。つまり、3人称の代名詞には有生・無生、つまり人か物かの区別はありません。) (1) ～ (4) のフランス語の代名詞に対応する日本語の下線部を見てください。代名詞が指しているのが彼であっても実際は彼という人の気持ちや言動を指している場合が多いのです。もちろん「今朝彼を見かけたよ」のような文の場合は単純に物理的存在としてある人のことを指していて、このような時はフランス語も日本語も違いはありません。また (3) のような場合に日本語でも「あいつは正しい」のようにコンパクトに言うこともありますが、やはり「あいつの言っていること／あいつのしていることは正しい」のように言うことが多いのではないでしょうか。日本語では「君を」ではなく「君のことはよく分かっているよ」のように言いますが、この「君のこと」というのは「君が考えていること」や「君がしそうなこと」といった意味ですね。フランス語や英語の代名詞はそこまで意味することができるのです。

代名詞が、人の気持ちや言動を指すこのような現象はメトニミーと考えることができます。メトニミーは比喩の一種ですが、その典型的な例は「お湯が沸いている」と言うところを「やかんが沸いている」と言うような場合です。これは容器で中身のことを言っているわけですが、代名詞の場合もこの例に似ていますね。このような表現が可能なのは、私達がやかんそのものが沸くことはなく、やかんの中の水が沸くのだということを知識として知っているからです。代名詞の場合も、人というものがいろいろな性格を持ち、いろいろなことを考え、そして何らかの意図を持って発言したり行動したりするものであることを私達が知識として知っているからです。ミシェルならミシェルという物理的な存在に思考や言動・行動といった精神的なものが備わっており、全体で一人のミシェルというまとまりを作り上げているわけです。私達は人というものをそのように理解して認識しているのです。実際、(2) の文はより丁寧に言うと以下のようになります。

(5)　Je comprends bien ce que tu penses / dis / fais.
(I understand well what you are thinking / saying / doing.)
「私には君の考えていること／言っていること／していることがよく分かる」

しかし、上で述べたような認識をもとに思考や言動の主体である人（(5) なら tu = te）でその人の思考や言動を代表させて（2）のように言うことが多いわけです。いわば人間という容器に言及することでその人の考えや気持ちという中身を伝えているのです。フランス語はこのように人間というものの存在についての私達の知識を利用して、文を作る場合に経済的にコンパクトに表現する言葉なのです。それが、一般にフランス語が日本語よりもコンパクトだという印象を受ける理由の一つになります。

フランス語の代名詞・人を表わす名詞	日本語の「代名詞」・人を表わす名詞
人の性格・気持ち・発言・行動	人そのもの

⊙── 名詞が動詞を取り込んでいるフランス語

フランス語では人を表わす代名詞や名詞がその人の気持ちや言動・行動などまでも意味していることが多いことを見ましたが、実はそれ以外の名詞の解釈においても名詞としての表面的な解釈からさらに踏み込んで意味を考えなければいけないことがよくあります。先ずは次の例を見てください。

（6）　La pluie nous a empêchés de partir en excursion.
　　（The rain prevented us from going on an excursion.）
　　「雨が降ったので私達はピクニックには行けなかった」

この文の主語のpluieという名詞は「雨」という意味です。この文を日本語にする時もpluieを「雨（で）」と名詞で訳しても全く問題はありませんが、厳密には「雨が降ったので」という意味です。しかし私達は「雨」と言えば「雨が降ること」と理解しているので「雨で…」のようにも言えるわけです。ただこのような場合でも日本語では「雨が降ったので…」とか「雨だったので」と言うことはよくあります。これに対して次のような文ではlettreを単に「手紙」と訳しただけでは自然な日本語にはならないでしょう。

（7）　Sa lettre a rendu Emma triste.
　　（His letter made Emma sad.）

「彼の手紙を読んでエンマは悲しくなった」

手紙は書いたり読んだりするものです。そこから日本語訳のように私達は理解するわけです。もちろん日本語でも、「彼の手紙でエンマは悲しくなった」のように言うこともできますが、このような文は多少なりとも翻訳調で、やはりフランス語に比べれば日本語ではその名詞が含意する事態や行為を言葉で表現することが圧倒的に多く、その結果、日本語の方が長くなるわけです。(7)の例では手紙の内容が問題になりますが、これは容器と中身の関係ということなのでメトニミー的な解釈と考えることができます。ただ、ここでは単に手紙の内容、つまり書かれていることというよりもその内容を読むという行為の結果が引き起こしたことをこの文は述べています。つまりこのような場合、フランス語の名詞はその名詞が用いられる典型的な述語が表わす事態（行為や出来事）を含意していることが多いということが分かります。たとえば雨は降るものです。手紙は受け取れば読むものです。つまり雨や手紙は名詞でありながらそのような述語的、つまり文的な意味を含意していることが多いということです。述語的、文的な意味というのはそれらの名詞が主語や目的語として現われる述語、たとえば手紙であればlire une lettre (read a letter)「手紙を読む」のような意味のことで、そのような意味までも名詞が含意しているということです。

ただし、これはフランス語の名詞が持っている特徴というよりも、より正確にはフランス語の文のあり方がこのような述語的な解釈をさせるのです。文の構造で考えると (6) のpluieも (7) のlettreも文の主語の位置にあります。フランス語では文の主語というのは原因や理由を表わしていることが多いのですが、何かの結果を引き起こす原因や理由というのは名詞が表わすものそのものではなく、その名詞を含む何らかの行為や出来事であることが多いので、主語の名詞が述語的な解釈を要求するわけです。

◎── 名詞の解凍について：名詞の中に隠れている動詞

前節では文の主語の位置にある名詞を述語的に解釈しないといけない場合があることについて説明しました。しかし、文の中での位置にかかわらず名詞の意味を述語的に解釈する必要がある場合もフランス語では多いのです。今度はその点について見ていきましょう。

フランス語が日本語に比べてよりコンパクトな印象を与える理由の一つは、やはり名詞の性格とその名詞の使われ方にあります。一般に英語やフランス語は名詞表現を好む言語であると言われていますが、フランス語は英語以上に名詞表現を好む言語です。その結果、ここまでに見たフランス語の名詞や代名詞の性格と、名詞が述語的な意味を持っている点、さらにこれからお話しする名詞のもう一つの性格が相まってフランス語の表現が抽象的になってしまいます。フランス語の性格に慣れていない人がフランス語の名詞をそのまま日本語の名詞として訳すとちんぷんかんぷんな日本語になってしまいがちです。それぞれの単語の辞書の意味を見て訳してみても文の意味が分からないということがよく起こります。その点を具体的に見ていくことにします。

以下の例文は特に専門的でもなく、特に硬い文語調というのでもないテキストから拾ったものです。カナダのフランス語が英語に囲まれながらもどうして生き残ってきたかについての話です。

(8) Le développement de l'enseignement du français a favorisé l'établissement de minorité francophone.
(The development of the teaching of French favored the establishment of French-speaking minority.)
「フランス語教育が発展したおかげで、フランス語を話す少数グループの人達が安定した存在となることができた」

先ず、主語のdéveloppementという名詞は少し綴りは違いますが英語のdevelopmentとほぼ同じ意味で、フランス語でも辞書を引けば「発展、発達、展開」といった意味が並んでいます。しかし厳密に言うとこの名詞の意味は「発展／発達すること／させること」なのです。これはどういうことかと言えば、développementはdévelopperという動詞を名詞化したものだということです。実はフランス語を日本語にする時には、名詞の中に隠れているこの動詞を日本語訳の中に引き出してやる方が自然な日本語になることが多いのです。特に動詞から作られた名詞の場合がそうです。動詞から作られた名詞は行為や出来事を表わしている抽象名詞です。そのような名詞に出くわしたら、元の動詞が表わす行為や出来事を考えてみてください。(8) の文の目的語のétablissementという名詞についても同じことです。先ずは手近な辞書で名詞としての意味を見てみると、établissementには「設立、樹立、確立」などの意味はありますが、いずれも (8) の文の訳をする時の訳語としては適切ではありません。この名詞の元の動詞はétablir（英establish）です。そこで動詞établirを辞書で見てみるとこの文に関係のありそうな意味としては「～を確立する、を樹立する、を打ち立てる」などが見つかります。ここで注意が必要なのは、辞書の語義は総じてやや硬く書き言葉的であり、そのままでは自然な日本語としては使えないことも多いという点です。辞書の語義はあくまでも意味の説明であって、必ずしもそのまま訳語として使えるわけではありません。常により平易で自然な日本語に言い換える練習が必要です。「確立する、樹立する」をもう少しこなれた日本語にして「…を安定した存在にする」という形で名詞établissementの中から動詞的な意味を引き出してやると、(8) の訳のようにより分かりやすい日本語にすることができるのです。

名詞の意味の中に動詞が隠れているという例をさらに見てみましょう。

(9)　L'accroissement de la productivité a diminué les besoins de main-d'œuvre.
(The growth of the productivity diminished the needs for workers.)
「生産性が高まったので労働力があまり必要とされなくなった」

(9) の例も「生産性の増加が労働力の必要性を減少させた」としても一応の意味は分かりますが、かなり翻訳調の日本語になってしまいます。やはり名詞の中にある動詞を考えてみましょう。accroissementの元の動詞はaccroîtreで、意味は「増大させる、高める」となります。手許の辞書にはたまたまですがla productivité「生産性」という語を目的語にしたaccroître la productivité「生産性を高める」という用例もあります。ただ、(9)では「生産性を高める」ではなく、「生産性が高まる」というように「生産性」が主語になった自動詞的なつながりです。accroissementの中に隠れている動詞はaccroîtreなのですが、実はここで意味を考える上では自動詞的な意味の再帰形s'accroître「増加する、高まる」から出発しなければいけないので少し複雑になります。いずれにしろこの文の主語であるl'accroissement de la productivitéを「生産性が高まったこと」というように理解し、目的語であるles besoins「必要性」という抽象名詞をやはりそのままにしておかず、動詞のa diminué「減少させた」と融合してしまって「あまり必要とされなくなった」と訳すとこのフランス語の文がずっと身近なものになってきます。accroissementで述べたように、動詞から作られた名詞の中では、動詞の自動詞／他動詞および再帰形の違いがいわば中和されています。ですから、当該の文の中ではどの意味で考えるべきなのかを判断する必要があり、この点には注意が必要です。

◎—— 動詞を引き出す時の注意

動詞の場合は時制やアスペクトといった時間に関係する問題が重要ですが、名詞の意味を動詞を通して考えるということは、やはり動詞が持つ時間的な性質を考えなければいけないこともあります。そのことを次の例で見てみましょう。

(10) Le maintient d'une agriculture forte est très important pour notre pays.
(The maintaining of a strong agriculture is very important for our country.)
「強い農業を維持していくことは、我が国にとって非常に重要である」

構文はA est très important pour B.「BにとってAはとても重要だ」という単純な構文です。ただ主語が長くなっています。先ず主語の中心となる名詞はmaintientですが、辞書には「維持、保持」などの意味が載っています。「強い農業の維持は…」という翻訳調の日本語でも一応意味は分かりますが、日本語としてはあまり自然ではありません。動詞を考えるとmaintientはmaintenir「維持する」という動詞から派生した名詞です。動詞的に「維持すること」とするとより自然にはなりますが、ここはもう一歩踏み込んで継続的な時間性を訳の中に織り込んで「維持していくことは」とするとさらに自然な日本語になります。

ここまで見てきたことは、主語や目的語の名詞の中に含まれている元の動詞の意味をいわば名詞を解凍して引き出してやるということです。言い換えると主語や目的語の名詞の内容を一つの事態として解釈するということです。すると文に元々存在した動詞は、事態と事態の間の関係を表わす役割を果たしていることになります。(8)のfavoriserの場合もそうでしたが、場合によってはその文の本来の動詞は訳の中では動詞以外の要素になったり、その動詞の元々の訳とはかなり違った訳になってしまう場合も出てきます。以下の文を見てください。

(11) La crise économique a entravé l'exécution du plan.
(The economic crisis hampered the execution of the plan.)
「経済危機のために計画を実行することができなくなった／困難になった」

ここでは主語は名詞のまま訳して問題ありません。目的語の訳はもう簡単でしょう。名詞exécutionに対応する動詞はexécuter「実行する、実施する」です。そうすると目的語の部分は「計画を実行すること」となります。動詞entraverは「妨げる、邪魔をする」という意味です。だからといって、「経済危機が計画を実行することを妨げた」としてはまだ翻訳調の日本語から抜け出せていません。ここは「経済危機のために計画を実行することができなくなった／困難になった」のように、目的語の名詞句の中から引き出した動詞exécuter「実行する」とこの文の本来の動詞entraver「妨げる」とを融合して「実行することができなくなった／困難になった」のように訳すと日本語らしくなります。この最後の工夫はちょっと高等な技術かもしれませんが、フランス語の発想と日本語の発想の違いに慣れると自然にできるようになります。

ところでこの例の主語は名詞のまま訳しましたが、それはcrise économique

「経済危機」の中には動詞は隠れていないからです。「経済危機」というのはある状態、つまり静的な事態のことであって、何かをする（行為）とか何かが起こる（出来事）というような動的な事態ではないのです。ただ、静的な事態も状態として存在していますので場合によっては「経済危機だったので（←経済危機がある）」（il y a une crise économique）とか「経済が危機的な状況だったので」（l'économie est en crise）のように述語的に訳すことも可能ですし、その方が自然なことも多いのですが、その場合は名詞の中に隠れている動詞を引き出して述語的に訳す場合とは少し別の話になります。

フランス語の名詞の中でも-tionや-mentという名詞形成語尾で終わっているものは動詞から作られた名詞であるのが原則です。そのような時には一般に元の動詞を考えて訳をすればいいのですが、それ以外の抽象名詞の場合は名詞に対応する動詞がある場合と、上のcriseのように対応する動詞がない場合があるので、述語的な解釈ができるのか、あるいは述語的な解釈をした方がよいのかの判断ができるように慣れていく必要があります。

⊙── まとめ

英語やフランス語が名詞表現を好むのに比べると日本語は述語表現を好む言語だと言えます。このことはとりもなおさず、英語やフランス語の特に抽象的な名詞を述語表現に直す、つまり名詞の中に隠れている動詞や形容動詞を引き出して述語的な表現にすることで自然な日本語に対応させることができるということです。英語やフランス語が名詞を用いてコンパクトに主語や目的語などにしている部分を、それぞれ述語的な表現に直すことで自然な日本語にすることができるので、どうしても日本語は長くなってしまいますが、それはそれぞれの言語の特徴なので仕方のないことです。誤訳は別として、世にはびこる悪訳というのは、日本語と英語やフランス語の性格の違いをよく理解せずにコンパクトな英語やフランス語の表現をそのまま抽象名詞を用いて元の構造のまま日本語に置き換えた訳であることがほとんどです。

考えよう

メトニミーについて、もう少しだけ考えてみたいと思います。

私達は普段、名前を知らない人を指すのに「あの赤い帽子をかぶった人」や「あそこでコーヒーを飲んでいる人」等のように言ったりします。また、目的地を説明するのに「しばらく行くとコンビニがあります。目的地はその隣ですよ」のように、他のもの（目的地以外のもの。ここでは「コンビニ」）を用いて説明することがあります。こうした現象と本文で見たメトニミーの諸現象との間にはある共通点があると言われているのですが、果たしてそれは何だと思いますか？

日本語からのふりかえり❹

ここで第2部最初のふりかえりです。第1部と同様に、第2部も名詞の働きに関する内容からスタートしていましたね。

第1部では基本的に話が2章進むたびにふりかえりを行っていましたが、この第2部でも第1部と同じように、スタートの章には一度ふりかえりを挿入しておこうと思います。

第7章では、フランス語の名詞の特徴（あるいは「フランス語の名詞表現を日本語に訳す場合の注意点」と言い換えても良いかもしれません）が2点挙げられていました。「フランス語の人を指す代名詞や名詞が人そのものではなくその人の考えや行動を指すことが多い」という点と「フランス語の抽象名詞は多くの場合、その中に動詞的な意味を含んでいる」という点です。以上2点の中から、このふりかえりでは1点目を取り上げてみたいと思います。これを理解するのに、【メトニミー】という概念がカギとなっていました。メトニミーは本文やこのふりかえりでも何度か取り上げてきましたね。

フランス語では人を指す代名詞等でその人の言葉や行動を指すということでした。日本語の観点から考えると、確かにフランス語のこの現象は不思議に見えるという人もいるかもしれません。日本語では〈彼の言うことを聞きなさい〉の意味で「彼を聞きなさい」とは、ちょっと言いそうにありませんからね（ちなみに、このあたりの内容は「日本語からのふりかえり❶」の内容と関連していそうだということにお気付きでしょうか？ 関心がある方は、この点について少し考えてみても良いかもしれませんね）。

しかし、ここでは少し見方を変えてみましょう。上の現象は、言い換えると言動の「産出者」である【人】を指すはずの名詞によって、その「産出物」である【発話・行動】を指すとまとめることができます。すると、日本語でもこうした表現が完全に不可能だというわけではないことに気付きます。次の会話を見てください。

(1)　―書店にて―

山本：すみません。村上春樹ってどこにありますか？

伊藤：ああ、村上春樹でしたら、4階の国内作家コーナーですよ。

この (1) における名詞「村上春樹」が作家・村上春樹氏ではなく、その作品（『騎士団長殺し』や『ねじまき鳥クロニクル』や『羊をめぐる冒険』等）を指すことは状況から明らかです。「山本」の発話の述語が「いる」ではなく「ある」になっていることからも、この「村上春樹」が無生物を指していることが分かります。これは「産出者（作家）」を指す名詞を用いて、その「産出物（作品）」を指す現象で、本文でもこれまで何度か登場した「メトニミー」の一種だと言えます。

このことから、多少状況は異なるものの、日本語においても言動の「産出者」を指す名詞を用いて、その「産出物」を指すという現象は見られることが分かります。ただし、それがどの場面に適用されるのかという点に言語差が見られるということは言えそうですね（もちろん、フランス語に (1) のような用法があってもおかしくはありません）。同じ「産出者」と「産出物」の関係であっても、日本語の場合は、「彼」という名詞で〈彼の言うこと〉を表すことはできないのでした。

さて。このメトニミーですが、実は気付かないうちに私達の生活の中に入り込んでいるのです。そこで以下では、もう少し日本語におけるメトニミーを見てみたいと思います。次の (2) のどこがメトニミーに当たるのか考えてみてください。

(2)　楽しみな選手がまた一人、プロ野球の門をたたいた。

（https://www.jiji.com/jc/article?k=2018121100050&g=spo）

正解は「門をたたいた」です。これがどうメトニミーに関わるのか説明できますか？「できる」という人は、次のパラグラフは読まなくても大丈夫です。

この「門をたたいた」は「入る」ということを意味しています。つまり、(2) であれば「プロ野球の門をたたいた」で「プロ野球の世界に入った」ということを意味しています。では、「門をたたく」がなぜ「入る」の意味になるのでしょうか。私達はどこか特定の空間に入る前には入り口を通らなければなりません。そして、その入り口にはドア（(2) だと「門」）があることが多いです。ドア（門）が閉まっていれば、そこが自宅でもない限り、ノックをする人が多いかと思われます（しますよね？）。それから、許可が出れば中に入ります。つまり、この「中に入る」という出来事の一連の流れは「ノックする→中に入る」とまとめることができます。そして(2)の「門をたたく」は「ノックする」の方に該当しますが、それが「中に入る」を意味しているのでした。さあ、ここまでくれば、「門をたたいた」がなぜメトニミーだと言えるのか、なんとなく分かってきたのではないでしょうか？「お湯が沸いた」ことを表すのに「やかんが沸いた」というのは、両者が空間的に隣接関係にある（そして、中身である「お湯」よりも外側の「やかん」の方が私達の目につきやすい）からです。それに対して、「中に入る」ことを表すのに「門をたたく」というのは時間的に隣接関係にあるからだとまとめることができます。「ちょっと、お手洗いに行ってきます」の「お手洗い」もそうですね。本当の目的はそれ以外のところ（手を洗う前の行為）にあるはずですが、それを「手を洗う」という本当の目的の後に行う行為で指しているのです。これも、動作間の隣接関係だと言うことができます。つまり、メトニミーにおける「隣接関係」というのは、「やかん」と「お湯」のような空間的なことだけでなく、(1) のような私達の思考・イメージ内（作家と作品）における隣接性や (2) のような時間的な隣接関係も含んでいるのです（より専門的な文脈では、メトニミーについてこれとは多少異なる説明がされることもあります。興味がある方は、「認知言語学」と呼ばれる分野の本を読んでみてください。初心者向けの入門書でもメトニミーは扱われているはずです）。

メトニミーについて、もう少し話を続けます。以前、テレビで次のような興味深い表現を耳にしたことがあります。

(3)　―サッカーのシュートシーンの解説で―
「絶好のチャンスでしたが、ここは僅かにポスト直撃です。」
（テレビ朝日系『やべっちF.C. ～日本サッカー応援宣言～』2019年4

月７日放送回）

さて。どこが興味深いのかお分かりでしょうか？これを理解するために、次の表現を見てみましょう。これも言いたいことは（3）と同じはずです。

（4）　絶好のチャンスでしたが、ここは僅かにゴールを外れました。

（3）が興味深いのは「僅かに」という表現が「ポスト直撃」を修飾している点です。「直撃」しているのだから、「僅か」も何もないだろうと言いたいところですが、この「ポスト直撃」が（4）のように「ゴールを外れた」ということを意味していると考えれば、「僅かに」が使われた理由も納得できます。ここまでのふりかえりの議論を読んできた皆さんには、（3）もメトニミーであることはお分かりでしょう。「ボールがポストに直撃する→その結果ボールがゴールを外れる」という時間的な隣接関係ですね。

以上、このふりかえりでは特にメトニミーに焦点を当てて、現代日本語の現象を観察してきました。こうして考えると、私達の日常生活における言葉の中で「メトニミーでもメタファーでもない表現」なんてごく僅かなのではないだろうか、と考えさせられてしまいますね。

第8章

働きかけとその結果

フランス語は他動詞が好き

はじめに

英語を学習する時に5文型というのを聞いたと思いますが、その中にSVOという構文があったのを覚えているでしょうか。これは〈主語＋他動詞＋目的語〉といういわゆる他動詞構文のことです。実は英語やフランス語は日本語などに比べるとこの他動詞構文をとても好む言語なのです。一方、日本語はたとえ人が関わっている事態や出来事でもまるで自然にものごとが起こったかのように表現することを好む言語なのです。

出来事ではなく状態であっても、日本語が形容詞や形容動詞を用いて状態的な表現で表わすところを、フランス語は他動詞的な構文で表わすことがよくあります。たとえば「兄弟が何人いる」とか、「お腹が空いた」とか「熱がある」といった表現をフランス語は所有動詞のhaveに当たるavoirを用いて表わします。haveやavoirは他動詞としては周辺的な動詞ではあるのですが、構文的には立派な他動詞構文です。

この章ではフランス語における他動詞構文の働きとその広がりについて見ていきます。

フランス語は他動詞文が好き

日本語にももちろん他動詞を用いた構文はたくさんあるのですが、フランス語が他動詞構文を好むというのは、最初にも述べたように日本語が他動詞を用いないような場合にもフランス語は他動詞構文を多用するという意味です。たとえば次の例を見てください。

（1）　Un puissant typhon a paralysé Tokyo et a causé des dégâts au Japon.
（A powerful typhoon paralyzed Tokyo and wreaked great damage in Japan.）
「勢力の強い台風で東京は麻痺し、日本では大きな被害が出た」

この例では「台風が東京を麻痺させ」て「大きな被害を引き起こした」というようにフランス語では他動詞構文を用いて書かれていますが、日本語では「東京は麻痺し」「大きな被害が出た」のように他動詞ではない形で表わす方がより自然でしょう。この点についてはまたあとで見ることにして、先ずは他動詞構文とはどういう性格のものなのかを典型的な場合から見ていきます。なお、典型的な場合は日本語でも他動詞構文になるのが一般的です。

さて典型的な他動詞文というのは次のような文のことです。

（2）　Inès a acheté le dernier album d’Indila hier.
（Ines bought the Indila’s last album yesterday.）
「イネスは昨日インディラの最新アルバムを買った」

この文はある人（イネス）がある時（昨日）にある行為（歌手インディラの最新アルバムを買う）をしたことを述べているものです。ここで典型的な他動詞文と言ったのは「具体的で個別的な人」が「過去」に実際に行なった「具体的な行為」を表わした文だと思ってください。主語について「具体的で個別的な人」というのは、onやquelqu’un（＝英someone)、あるいは代名詞の３人称複数形ilsなどで表わされる不特定多数の人ではないということです。「過去」と言ったのは、まだ行なわれていない未来や仮定の上での行為、あるいは現在進行中の行為、もしくは習慣的に行なう行為などではなく、既に行なわれて完了して確定した行為ということで、フランス語では一般的に複合過去や単純過去で表わされます。「具体的な行為」というのは思考や言葉などによるものではなく物理的な動きによりエネルギーが対象に移動・伝達されて対象物に影響をおよぼす行為ということです。このような文の成り立ちを分かりやすく示すとおおよそ次のようになります。

動作の担い手 (動作主)	+	働きかけ (他動的行為)	+	具体的なもの・人 (対象物)	→	対象物の変化 (結果)

図1　他動詞文の構造

SVO構文、つまり他動詞構文を単に〈主語+他動詞+目的語〉と理解しているだけでは他動詞構文の特徴は分かりません。上の図のように理解することで初めて他動詞構文の働きが分かるようになります。上の図ではSVOに比べて、最後に一つ項目が増えています。この「対象物の変化」というのは、たとえば (2) の文であれば買われたことでCDの所有者が変わり、またCDのある場所が移動により変わるという変化のことです。対象物の変化というのがもっとはっきりと分かるのは次のような文でしょう。

(3)　Il a cassé un verre.
(He broke a cup.)
「彼はコップを割った」

「割る」casserという行為の結果、対象物である「コップ」verreが元の完全な形から断片に分かれてコップとしての体をなさなくなってしまうという変化が結果として起こります。(話を分かりやすくするために、怒りにかられて割ったと考えてください。不注意で割った場合は意図というよりも責任があるということになります。) 他動詞文であってもこのように対象物の変化がはっきりとしていなかったり、ほとんど変化がない場合はそれだけ他動詞文として典型的ではなく、多少とも周辺的な場合ということになります。いずれにしろ、この結果という四つ目の段階が大事であることにはこれからも触れることがありますので、覚えておいてください。

それでは対象物の変化がはっきりしない場合を見ておきましょう。

(4)　J'ai regardé un film italien très intéressant à la télé hier soir.
(I watched a very interesting italian film on TV yesterday evening.)
「昨晩テレビで非常に興味深いイタリア映画を見たよ」

この場合は映画を見るという行為は視線が対象物に向くだけですのでエネルギーの伝達を伴なう働きかけとは考えられませんし、その行為をしても映画（のフィルム）そのものに変化は起きません。従ってこれは周辺的な他動詞文と言っていいでしょう。

フランス語で「電話をかける」という時に使う動詞は二つあって、元々の「（直接）呼ぶ、呼び出す」から「電話をかける」に意味が拡張されたappelerは電話をかける相手を直接目的語に取りますが、本来の動詞téléphonerは電話をかける相手を前置詞àを用いて間接目的語として導入します。日本語でも「〜に電話をかける」とニ格になりますね。これは「電話をかける」という働きかけは、「コップを割る」や「扉を開ける」などの行為に比べると、その直接性や働きかけの度合いが低く、結果として対象に引き起こされる変化も小さいことを反映しています。次の例はどうでしょう。

(5)　J'aime les chiens.
(I like dogs.)
「私は犬が好きだ」

フランス語や英語は他動詞構文ですが、日本語では「好きだ」という形容動詞で表わされています。日本語では人の嗜好や特徴を表わす場合は形容動詞や形容詞を用いることが多いのに対して、フランス語ではそのような場合も他動詞構文が対応することが多いのです。

(6) の文は人に仕事を尋ねる時の常套的な疑問文です。

(6)　Qu'est-ce que vous faites (dans la vie) ?
(What do you do for a living?)
「お仕事は何ですか」

(7)　Qu’est-ce que vous faites là ?
(What are you doing here?)
「(ここで) 何をしているのですか」

日本語でも「お仕事は何ですか」という行為動詞を含まない言い方だけでなく「お仕事は何をされていますか」のように聞くこともできますが、「あなたは」という主語を用いることはまずないでしょう。一方、フランス語では今現に何をしているのかを尋ねる (7) と同じ構文が用いられています。もちろん仕事を尋ねる場合はdans la vie「生活において」という表現が付くことが多く、そして (7) では発話の内容を発話の場所と時点に係留する役割を果たす副詞的な小辞làを用いることが多いので誤解は起きませんが、重要なのは (6) においてもしっかりと他動詞構文が用いられていることです。つまり、フランス語ではある特定の時に行なわれた具体的な行為でない時も、特定の時と結びつく具体的な行為の時でも、同じ他動詞パターンを使うというのがよく分かります。

◎── 主語はものごとの原因

日本語に比べてフランス語が他動詞文を好み、いわば事態をよりダイナミックに表現するという特徴がさらにはっきり現われているのが、以下のように人ではなくものやことが主語になっているタイプの文です。

(8)　Son étrange attitude m’a inquiété.
(Her strange attitude worried me.)
「彼女が奇妙な態度を見せたので私は心配になった」

(9)　Cette décision a gêné beaucoup d’étudiants.
(That decision embarrassed a lot of students.)
「その決定のせいで困った学生がたくさんいた」

(10)　Son discours m’a vraiment encouragé.
(His speech really encouraged me.)
「彼のスピーチのおかげで／を聞いて私は本当に勇気づけられた」

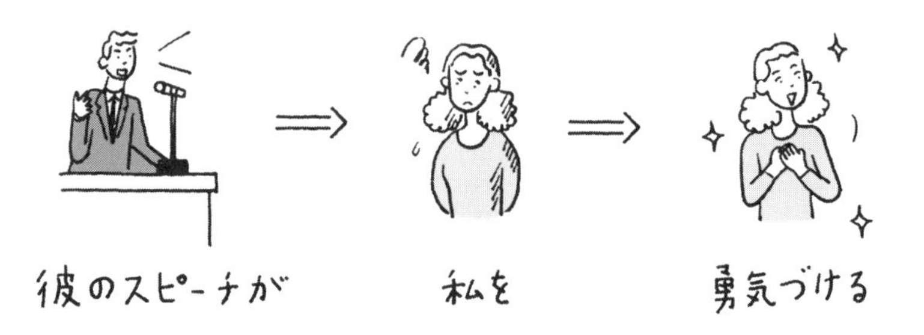

この種の文には日本語とフランス語の違いが究極的に現われていると言ってもいいでしょう。フランス語の講読の授業で受講生の口から奇妙な日本語が出てくる原因の一つはこの種の文の訳し方にあります。これらの文では人ではなく、「態度」や「決定」といった意志を持たないものが主語になり、それが原因で何かが引き起こされるということをたとえば（3）のIl a cassé un verre.「彼はコップを割った」というような意図的な行為を表わす文と同じ他動詞のパターンで述べているわけです。人が主語の場合は基本的にはその人の意志や責任によってある事態が引き起こされるわけですが、ものやことの場合には「因果関係」によって対象物の変化が起こったり、あるいはある事態が起こるということになります。もう少し説明すると、主語が人の場合はその人が自分の意志でもって何かの行為をすることで目的語が表わす対象物に変化が起きるわけですが、ものやことが主語の場合はそのものやことが原因になって対象物の変化が起きたり、状況に変化が起きてある新たな事態が起きることになるわけです。

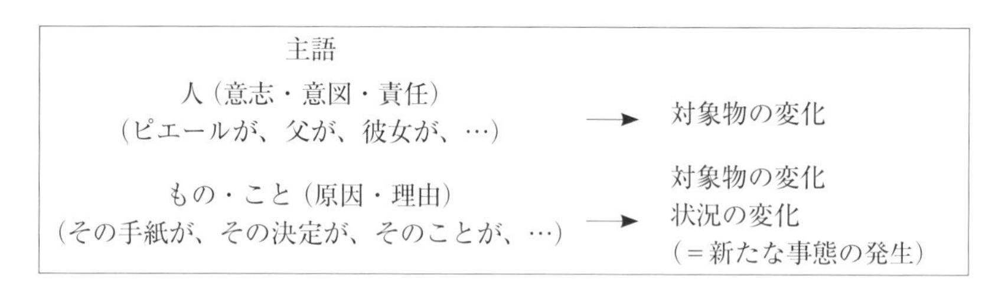

英語やフランス語を翻訳する際のコツの一つとして「ものやことが主語の場合はその部分を副詞的に訳すとよい」とよく言われますが、実際（8）〜（10）の日本語訳ではフランス語の主語の部分が例外なく「〜で」と副詞的に訳されています。この翻訳のコツは結局、英語やフランス語の主語の性格と、それに

対する日本語の表現の仕方についての以下のような特徴を翻訳の技術として述べたものだと言えます。

(A) フランス語では主語が人でない場合であっても、ある状況や事態があって、それが原因・理由になってもう一つの状況・事態が引き起こされる時には、その関係を図1のパターンにのっとって〈主語＋他動詞＋目的語〉という形にして文を形作ることが多い。

(B) 日本語ではある状況や事態があって、それが原因・理由になってもう一つの状況・事態が引き起こされる時には、原因・理由を表わす表現(たとえば「〜で」「〜のせいで」「〜のおかげで」)を用いて表わすことが多い。

◎── 構文が意味を持っている

ここまでに見てきたことを簡単に言うと、フランス語ではものごとの因果関係を〈主語＋動詞＋目的語〉という他動詞構文のパターンの中に取り込んで表わす傾向が強いということです。もちろんフランス語でも

à cause de la pluie (because of the rain)「雨が降ったせいで／ために」
grâce à l'entraînement (thanks to the training)「練習をしたおかげで／したので」
à force d'entraînement (by keeping training)「よく練習をしたので」

のように前置詞句を使ったり、

en lisant sa lettre (from/by reading his letter)「彼の手紙を読んで」

のように前置詞en＋現在分詞という形(＝ジェロンディフ)を使ったり、

parce qu'il a eu un comportement étrange (because he behaved strangely)
「彼が奇妙な態度をとったので」

のように理由を表わす従属文を使うなど、因果関係を表わす手段はいろいろとあります。これらの表現は因果関係を誰の目にも分かるように明示的に示してくれているので私達も日本語と同じ感覚で理解することができます。でも重要なのは、フランス語はこういった関係を〈主語＋動詞＋目的語〉という文の形で表わすことができるし、またそうすることが多いという点です。このことは以下のようにまとめることができるでしょう。

フランス語では〈主語＋動詞＋目的語〉という形の文は、単に文の要素である主語、動詞、目的語がこの順番に並んでいるということを示しているだけではなく、「動作の担い手（主語）が対象物（目的語）に働きかけ（動詞）て、その結果、対象物に変化が起きる」という**構文としての意味**を持っている。

このような構文の意味が主語が人でない場合にも拡張されます。結局、フランス語では主語と目的語の関係の基盤に因果関係が据えられていることになるのです。一方、日本語は因果関係はある事態が起こる舞台装置、あるいは背景として、副詞句や従属文の形で述べる言葉なのです。その結果、日本語では主語や目的語といった文の主要な要素の間の関係がフランス語に比べるとかなり緩やかであると言えます。一方、フランス語では文の構成そのもの、つまり主要な要素の間により緊密で緊張した関係があると言えます。

◎── 他動詞表現の広がり

フランス語が好む他動詞のパターンは、因果関係の枠を超えてさらに幅をきかせています。他動詞パターンの拡張について少し見ておきましょう。

（11） J'ai mal à la tête.
(I have a headache.)
「私は頭が痛い」

（12） Mila a deux sœurs et un frère.
(Mila has two sisters and one brother.)
「ミラには姉妹が二人と弟が一人います」

これらの例ではフランス語はSVOという他動詞のパターンになっているのに対して、日本語では「痛い」、「姉妹が二人いる」のように形容詞や存在動詞を用いた状態文になっています。ここから言えるのは、同じ事態でもフランス語の方がより動的に表わすのに対して、日本語の方はより静的に表わすということです。とは言え、これらのフランス語の例では他動詞構文の典型的な場合と違って目的語で表わされているものに変化が起きません。そういう意味で、

(11)(12)の動詞avoirは他動詞であっても周辺的なものであると言えます。
今度は以下の例を見てください。

(13) Le sujet de l'environnement intéresse beaucoup le publique.
(The issue of the environment interests strongly the public.)
「人々は環境問題には大いに関心があります」

(14) Ce rapport m'a bouleversé.
(That report upset me.)
「その報告に私は衝撃を受けた」

日本語訳から分かるように、このような場合、日本語ではどうしても人間中心の文になってしまいます。日本語訳の主語がそれぞれ「人々は」、「私は」なのに対して、フランス語の文ではle sujet de l'environnement「環境問題」、ce rapport「その報告」のように関心を引き起こしたものや衝撃を与えたものが主語になって文が形作られています。つまり、ここでもある事態を引き起こす原因になるものを主語として、因果関係の流れに沿って文が組み立てられているのです。

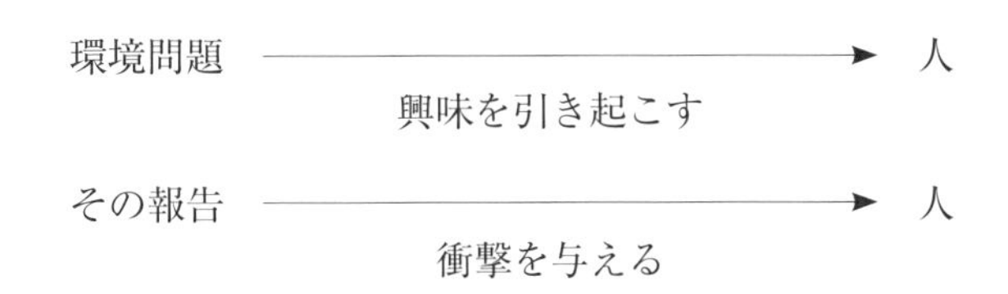

もちろんフランス語でも(13)と(14)の文を人を主語にして表わすことも

できますが、その場合は受動態にしたり、再帰構文というより複雑な構文を用いることになります。つまりあくまでも他動詞のパターンが基本形なのです。

このように人の知性や感情、あるいは心理状態に影響を与えるというような意味を表わす動詞はcasser「壊す」のように目に見える形での変化を引き起こす場合に比べれば、変化は物理的ではなく、その影響は必ずしも目に見えないという意味で他動詞の周辺的なタイプと考えることができます。またこの種の動詞の中には（15）のように影響を受ける人を間接目的語で表わす動詞もありますが、これも他動詞パターンの拡張と考えることができます。その場合は構文的にもやや周辺的と言えます。

（15）（映画を見たあとで）Ça t'a plu ?
(Did you like that film?)
「（今の映画）気に入ったかい」
（t'=te は間接目的語、plu = plaire「～の気に入る」の過去分詞）

フランス語では直接目的語は取らないものの、文が成立するためには〈前置詞＋名詞〉という要素、つまり間接目的語が必須な動詞を間接他動詞と呼ぶことがあります。（15）のplaireがその例です。plaireは直接目的語を取りませんが、主語が表わしているものを気に入る人が必ず必要で、それは間接目的語の形で現われます。

◎── まとめ

ここではフランス語が他動詞構文を好んで用いることと、他動詞構文というのが単なる主語、動詞、目的語がこの順に並んだ文型というだけでなく、主語が人の場合は対象物への働きかけとその結果としての変化、主語がものやことの場合は主語に表わされたことやものが原因となってもう一つの事態を引き起こすという意味を持つパターンであることを見ました。そして、このような意味にそった典型的な場合だけでなく、この構文パターンがさらに拡張されます。その結果、静的な事態や状態を表わす場合でもフランス語では他動詞パターンを用いることが多くなります。また、感情や心理状態に影響を与える意味を持つ動詞でも、人を主語に取らずに原因となるものを主語に取る構文が基本であることが多いことも紹介しました。最後に、間接目的語のみを必須とするplaireのような間接他動詞も他動詞の拡張として連続的に考えることができることにも触れました。

考えよう

ここでは、【自動詞】【他動詞】がキーワードとして用いられていました。これについては、次章にある「日本語からのふりかえり」で触れたいと思いますので、ここでは次のコラムにもある「プロトタイプ」に注目しましょう。これもとても重要な概念です。

では、課題です。次の発話を聞いて下線部は厳密には何を指すか、話し合ってください。その際、相手の出身地はどこかを聞くのもお忘れなく。

(1)　ちょっと、お肉買ってきてくれる？

(2)　ついでに、お雑煮用のお餅も買ってきて。

上の例で何が言いたいのか理解できた人は、(1)(2) のような違いが出そうな例を他にも考えてみてください。そして、周囲に日本語非母語話者がいる場合は、上記の違いを説明してみましょう。

コラム 5　プロトタイプ

本章では他動詞について、典型的、周辺的という言葉を使っています。これは何を考える時にも重要な考え方です。典型、またはプロトタイプというのは何であれそれらしい性格を多く持っているメンバーです。それらしい性格が減っていけばいくほど周辺的なメンバーということになります。

よく挙げられる例は鳥のカテゴリーです。鳥の典型は、すずめなどの小型で空を飛び、日常的に私達がよく目にするものです（イギリスでは鳥の典型と言えばコマドリのようで、典型となるものは地域や文化によって若干の違いはあります)。ペンギンやダチョウは鳥の一種であっても、空を飛べないという点で鳥らしさが劣る周辺的なメンバーということになります。

言葉を考える時にも、たとえばより主語らしい主語からあまり主語らしくない主語があります。この章で扱った他動詞や他動詞構文についても同じです。そして周辺的なメンバーになっていくにつれて、そのカテゴリーの境目がはっきりしないことも多く、いつの間にか別のカテゴリーに移ってしまっていることもあります。他動詞構文の拡張として間接他動詞を用いた構文にまで話を広げたのもそのような例の一つです。品詞の境目についても同じことが言えます。形容詞なのか副詞なのか分類に迷うような単語も存在します。言葉においては総じて連続的であると考えることができます。

第9章

自分に働きかける?

再帰構文のしくみ

はじめに

前の章ではフランス語が他動詞構文を好むことを見ました。実際、他動詞が基本形であることは、多くの場合に自動詞は他動詞をもとに作られることからも分かります。日本語では「座らせる／座る」「着せる／着る」「起こす／起きる」のように、原則的には他動詞と自動詞は語尾の形で区別されます。英語の場合は、同じ形のままで他動詞および自動詞として用いられることが多いと言えます。それに対してフランス語はどのようにして他動詞から自動詞を作るかというと、たとえばlever「起こす」という他動詞に再帰代名詞seを付けたse lever「起きる」という再帰構文の形が自動詞になることが多いのです。(seは母音で始まる動詞の前では母音字省略の結果s'となります。なおフランス語ではhは発音されません。)

動詞そのまま＝他動詞	再帰代名詞＋動詞＝自動詞
lever「起こす」	se lever「起きる」
coucher「寝かせる」	se coucher「寝る」
habiller「着せる」	s'habiller「着る」
amuser「楽しませる」	s'amuser「楽しむ」

不定詞の前にあるseは単数・複数ともに形が同じの3人称の再帰代名詞で、英語の～selfという形に相当します。フランス語では1人称と2人称は通常の代名詞と同じ形を用いてme、te、nous、vousとなります。主語と同じ人称であれば必然的に再帰構文と分かるので再帰代名詞としての特別の形は必要ないわけです。3人称だけは主語が3人称でも目的語は別の3人称の人を指している場合もあるので、3人称にはseという再帰代名詞だけの形があります。上に

挙げた例はいわゆる再帰用法の場合なので、動詞だけの単純形が他動詞で、再帰代名詞を伴なった動詞が自動詞と理解すればいいのですが、再帰構文にはこれ以外にも様々なニュアンスを伴なう場合があります。この章では、第8章で見た他動詞構文とも関係づけながら、再帰構文の様々な働きを見ていくことにします。

◎── 再帰用法

再帰用法というのは再帰構文のかなめとなる用法です。主語で表わされた人がする行為が文字通り主語に戻ってくる、つまり「再帰する」と理解できる用法です。いくつか例を挙げます。英訳は再帰構文にはなりません。

(1) Mon grand-père *se lève* tôt chaque matin.
(My grandfather gets up early every morning.)
「お祖父さんは毎朝早く起きる」

(2) Hier je *me suis couché* à onze heures.
(Yesterday I went to bed at 11 o'clock.)
「昨日私は11時に寝た」

(3) Notre petit s'habille déjà tout seul.
(Our little child can already get dressed alone.)
「うちの子はもう一人で服を着る」

第8章で見たように、他動詞は目的語が表わす対象物に働きかけて対象物の変化を引き起こすわけですが、再帰構文では目的語が表わす対象物が結局、主語と同じになるわけです。これを他動詞のパターンに当てはめると次のようになります。

動作の担い手 (主語)	+	働きかけ (他動詞)	+	対象の人 (＝主語)	+	対象となる人の変化 (＝主語の変化)

日本語話者の目から見るとずいぶん回りくどいことをしているように見えますが、結局ここでもフランス語では他動詞のパターンが出発点になっていることが分かります。いったんそのことが分かれば、あとは再帰用法は自動詞なんだと思えばいいわけです。再帰用法について時としてなされる「自分を座らせる→座る」式の説明は、考えてみれば奇妙な説明です。まるで人の身体にするように自分の身体に手を添えて自分を座らせるわけではありません。そうではなく座ろうと思って自分の意志で座るわけです。再帰用法というのは、結局この**自分の意志に対する働きかけ**を表わしていると考えられます。言い換えれば再帰用法というのは**意図的な行為**を表わしているのです。ですから当然、再帰用法の文の主語は意志を持った人間に限られます。

このように考えると、他動詞とは単に語尾の形が違うだけの自動詞を用いる日本語に比べて、フランス語の再帰用法は自動詞的な意味を他動詞を出発としてより動的に表現していると言えるでしょう。

◎—— 身体の部分を目的語に取る再帰用法

再帰用法の中には、自分の身体の部分を目的語に取る一群の動詞があります。

(4)　Tu dois *te brosser les dents* avant d'aller te coucher.
　　(You should brush your teeth before going to bed.)
　　「寝る前に歯をみがきなさい」

(5)　Je dois *me couper les ongles*.
　　(I should clip my nails.)
　　「爪を切らないといけない」

これらの例でも主語が表わす人の働きかけは自分自身に向かっています。そのことを表わすのが再帰代名詞の役割です。ただ働きかけは身体全体ではなく、身体の一部に向いているのでそれがどこなのかを直接目的語の名詞で厳密に指定しています。ただ、フランス語では文の中には直接目的語のスロットは一つしか無いので、再帰代名詞は残っている間接目的語のスロットを使わざるを得ません。ですから (1)～(3) の例とは違って、(4) (5) の再帰代名詞は間接目的語と考えます。(フランス語の1・2人称の代名詞、および3人称の再帰代名詞seは直接目的語の場合も間接目的語の場合も形は同じで、間接目的語の場合も英語のtoのような前置詞は必要ありません。) 次の二つの例では再帰代名詞の文法的な働きが違っています。

(6)　Raphaël *s'est lavé* soigneusement.（再帰代名詞は直接目的語）
　　(Raphael washed himself thoroughly.)
　　「ラファエルは入念に身体を洗った」
(7)　Raphaël *s'est lavé les mains* soigneusement.（再帰代名詞は間接目的語）
　　(Raphael washed thoroughly his hands.)
　　「ラファエルは入念に手を洗った」

再帰代名詞が直接目的語か間接目的語かという違いはあっても、この二つの例の間に大きな違いがあるとは思えないでしょう。(7) では身体の部分である「手」を表わす名詞les mainsに、英訳のhis handsと比べると所有形容詞ではなく定冠詞lesが付いている点にも注意してください。再帰代名詞があるので自分自身に対して働きかけをしているのは明らかなので、所有形容詞は必要ないのです。

ところでse laver「身体を洗う」はこれまでに見てきたse lever「起きる」のような再帰用法の例に比べると、単に自分の意志に対して働きかけるだけでなく、部分とはいえ具体的に自分の身体に働きかける、つまり具体的に自分に対して何らかの行為を行なうという点では同じ再帰用法の中でもより他動詞的性格が強いと言えます。

また、再帰用法は意図的な行為を表わしていると述べましたが、身体の一部を目的語に取る再帰構文の中には以下のように意図的ではない事態を表わすものもあります。

(8)　Lina *s'est coupé le doigt.*
　　(Lina hurt her finger.)
　　「リナは指を切ってしまった」

(9)　Raoul *s'est cassé la jambe.*
　　(Raoul broke his leg.)
　　「ラウールは足を折った」

これらは偶発的な出来事を表わしています。ただ、たとえば不注意でナイフで指を傷つけたり、スキーで転んで足を折った場合でも、主語が表わす人が何らかの行為をした結果そういう事態が生じたわけですから、主語が表わす人にもその結果に対してある程度の責任があると言えます。その意味でこれらの例も意図的な行為の延長上にあると考えることができるでしょう。

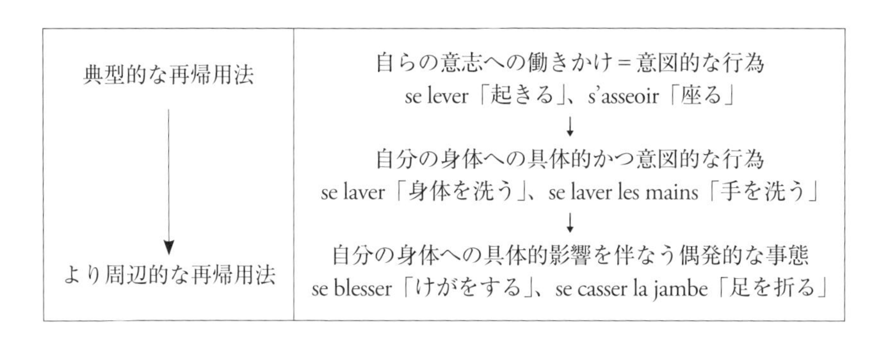

◎── 自発用法

再帰用法は主語が意志を持った人間でした。それでは主語がものの時にはどうなるでしょう。

(10)　La porte *s'est ouverte* sans bruit.
　　(The door opened without noise.)

「扉が音もなく開いた」

(11) Le papier peint *s'est décollé* avec l'humidité.

(The wallpaper peeled off with the humidity.)

「壁紙が湿気のせいではがれた」

(12) La ville *s'est vite agrandie*.

(The town quickly grew.)

「町はあっという間に大きくなった」

このタイプの用法ではある事態が、自然に、あるいは湿気のように人間の直接的な意図が関わらないことが原因になって起こることを表わしています。広い意味で自発的な事態を表わす用法だと言えます。このタイプを**自発用法**と呼ぶことにします。(12) の様な例でも、実際にはそれぞれが独自の目的を持った様々な人間の行為があって、その結果として町が大きくなるという事態が起こったわけですが、事態全体としてはあたかも自然にそうなったというように捉えて表現しているわけです。

この用法も再帰用法と同じく他動詞に対する自動詞の役割を果たしています。

動詞そのまま＝他動詞		再帰代名詞＋動詞＝自動詞	
ouvrir	「開ける」	s'ouvrir	「開く」
décoller	「はがす」	se décoller	「はがれる」
agrandir	「大きくする」	s'agrandir	「大きくなる」

再帰用法との違いは、再帰用法の場合は「着せる／着る」のように自動詞、つまり再帰構文の方も他動詞の場合と同じく人が主語になっていました。ところが自発用法では自動詞、つまり再帰構文の方は他動詞の場合に目的語になる「もの」が主語になります。この場合の働きかけの仕組みは次の様に考えられます。

事態の原因	→	対象物	+	働きかけ	+	対象物	→	対象物の変化
(外的原因)		主語		他動詞		目的語（＝主語）		(＝主語の変化)

(10) であればたとえば風、(11) であれば前置詞句で表わされている湿気、(12) であれば多数の人の活動のように事態を引き起こす外的な原因は確かに存在しているのですが、それは文の中では表現されません。なぜならこの種の文を作る目的は、たとえ外的な原因があっても事態があたかも自然に引き起こされたかのように表現するところにあるからです。事態の原因は背景化されているのです。ただし、フランス語の文の構成上の約束事として主語が必要です。そこで対象物を格上げしてあげて主語の所に置いてやるのです。そして再帰用法のパターンにならって、あたかもその対象物が外からの働きかけを受けて、今度は自らがそれ自身に働きかけて、その結果、そのもの自身が変化するという玉突き的関係を作り上げて表現しているのです。

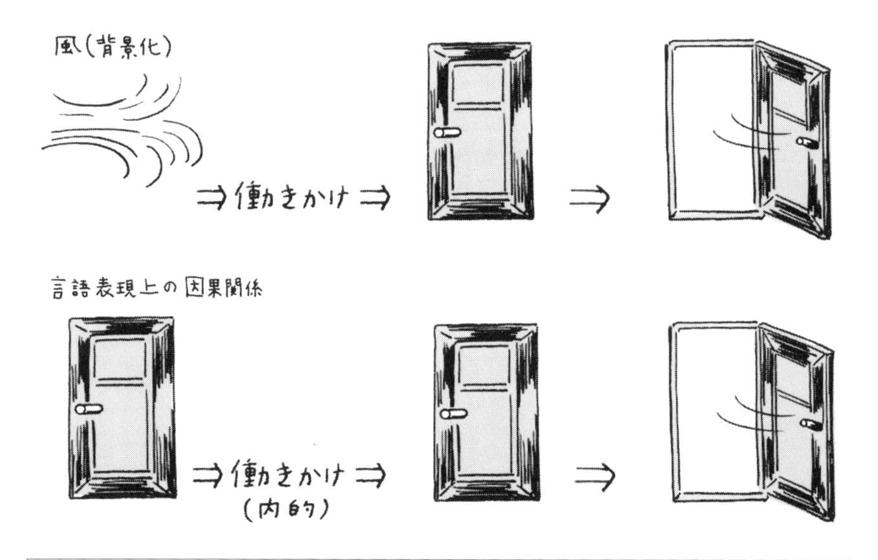

事態の原因	——→	主語	+	働きかけ	+	対象物	—→	対象物の変化
(外的原因)	働きかけ	(内的原因)				(=主語)		(=主語の変化)

主語に置かれた「もの」は事態を引き起こす本当の原因ではないのですが、外からの働きかけを受けて潜在的な性質を発揮するいわば二次的な内的原因と見なされているのです。そして、実際に文として表現されるのは、内的原

因を担う要素を主語とした形になります。ただ、本当の原因である外的な要素も文の中に二次的に表わすことは可能です。(11) の avec l'humidité (with the humidity)「湿気のせいで」がその例です。そのような場合でも、このタイプの文では変化するものに焦点が当たっています。avec l'humiditéのような前置詞句が表わすのはあくまでも主語や動詞が表わす事態の、舞台背景・背景的状況だからです。つまりこの種の文は他動詞パターン優勢のフランス語において、事態の原因ではなく、変化を受けるものに焦点を当てて表現したい時に用いるいわば苦肉の策なのです。

◎── 受動用法

再帰構文の中でも一番重要なのは受動用法でしょう。そして、最初のうち一番理解しにくいのも受動用法でしょう。しかし、この用法は頻度も高くフランス語を理解する上で非常に大事なものです。先ずは例を見てみましょう。受動用法に対する英訳は主として受動態を用いています。

(13) En général, les consonnes finales ne se prononcent pas en français.
(In general, final consonants are not pronounced in French.)
「普通、語末の子音はフランス語では発音されない」

(14) Cet appareil se manipule facilement.
(This device is easy to handle.)
「この器具は扱いやすい」

このタイプの再帰構文が受動用法と呼ばれるのは、他動詞が本来の他動詞構文で用いられている時に直接目的語の場所にくるべきものが、受動態の時と同様に主語に置かれているからです。受動態と違うのはこのタイプの文は主語が表わすものの一般的な性質を述べるために用いられるという点です。主語の性質を述べる典型的な文というのは、Paul est gentil.「ポールは親切だ」のように〈主語 + être + 形容詞〉という形の文が使われることから分かるように、受動用法というのは第8章で見たような因果関係や動的な意味を表わすのが本来の働きである他動詞のパターンからは最も遠いタイプの文になります。そのため受動用法には以下の様な制約があります。

制約1：他動詞パターンの典型的な時制である過去にはできない 制約2：受動態と違い、「～によって」と言うことはできない（言い換えると働きかける主体を表わすことができない）

主語の性質を述べるので原則として現在形です。ただし、過去のある期間の性質を述べる時には (15) のように半過去形も用いられます。また (16) のようにある性質が過去からの継続として表わされる時に限り複合過去形も可能です。

（15） Autrefois le blé *se cultivait* aussi dans cette région.
（In the past wheat was cultivated in this region too.）
「昔はこの地方でも麦が栽培されていた」

（16） Cette algue *s'est mangée* depuis longtemps.
（This seaweed has been eaten for a long time.）
「この海藻は昔から食べられてきた」

表わされるのは一般的な性質ですから、それは誰にとっても有効なわけで、典型的な他動詞パターンの場合のように特定の人とその性質を結びつけることはできません。そこから二つ目の制約が出てきます。

◎―― 再帰構文の各用法の連続性

受動用法ではものに焦点を当ててその性質を述べるので、文の中心的な役割を果たす主語の位置にそのものを置きます。けれども他動詞パターンの時とは違って動詞の表わす働きかけは主語が表わすものに向かっています。そのことを表わすために再帰用法にならって再帰構文を取るのです。そうすることで、動詞の表わしている働きかけが外に向かわずに主語が表わしているものに向かうことが分かります。自発用法のように外からの働きかけを受けて主語に置かれたものそれ自身が内的原因になるわけではありませんが、主語に置かれたものの性質が引き出されるということです。主語の果たす役割の違いに沿って他動詞構文から並べてみると以下のようになります。

	構文の種類	主語の役割
典型的	他動詞構文	働きかけの担い手（対象物に働きかける）
↑	再帰用法	働きかけの担い手（自分自身に働きかける）かつ変化の主体
↓	自発用法	変化の主体（外的原因を受けて潜在的性格を発揮して自らを変化させる）
周辺的	受動用法	性格付けを受ける対象（＝その性格を持つ主体）

上の図で分かるように、再帰構文の中でも受動用法は行為や出来事ではなく、性質を表わすということで、他動詞パターンの観点からは最も周辺的なものになります。動詞が表わしている（替在的）事態を性質化する、つまり性質として表わすことから、その意味も行為そのものではなく、主体の性質から出てくる行為の可能性や行為のやり方、ひいては主体の性質にふさわしい行為のやり方の指示といったニュアンスを帯びることが多くなります。言い換えると、「～できる」「～するものです」といった訳し方が必要なことも多いのでそれに慣れることが必要です。

(17) Le vin rouge se boit chambré.
(Red wine should be drunk at room temperature.)
「赤ワインは室温で飲むものだ」

(18) Le poisson frais se mange cru.
(Fresh fish can be eaten raw.)
「新鮮な魚は生で食べられる」

(19) Le riz se cultive surtout en Asie.
(The rice is cultivated especially in Asia.)
「稲は特にアジアで栽培されている」

(17) は慣習を述べると同時に、そうするのがよいという規範、そうすべきだという指示を表わしています。(18) は広い意味での可能です。難易の副詞を伴なって「〜しやすい／しにくい」というような難易の程度を表わすこともよくあります。(19) は慣習的・文化的な事実を述べています。いずれも主語が表わしているものを性格づけています。

まとめ

この章ではフランス語は他動詞に再帰代名詞を付けて自動詞を作るというところから始めて、フランス語で多用される再帰構文の様々な働きについて見ました。(再帰用法の拡張である相互用法については割愛しました。) 人を主語に取る再帰用法は比較的理解しやすかったと思いますが、ものやことを主語にする自発用法と受動用法はその考え方に慣れる必要があります。非常に簡略化して言うならば、フランス語の基本にある他動詞パターンから出発して、他動詞構文で主語が果たしていた動作の担い手や原因・理由をいかにして背景に持っていって最終的にはその姿を隠してしまうか、という方向で発達してきたのが再帰構文、特に自発用法と受動用法だということができます。そこから、フランス語のこれらの用法は、動作の担い手を特権化していない日本語の発想とある意味では近いものがあるということになります。ただ発想的に近くても、それを表わす言葉の上での手段が異なるので、表面の形の違いにとらわれずにその後ろにある発想の類似性に気付けるようになる必要があります。

考えよう

ここでは、日本語の自動詞・他動詞に関する現象を１つ取り上げます。

次の文は、私がこれまでに実際に耳にしたやりとりです。正直に言いますと、名前は全て仮のものですが、過去に（それぞれ中学生と大学生の時に）実際に私が言われたことのある発話です（我ながら、こんなことを言われて、よくもひねくれずに真っすぐ育ったものです)。

さて、次の例からは自動詞文と他動詞文のどういった違いが読み取れるでしょうか？また、その違いはなぜ発生すると思いますか？考えてみてください。

(1) 板垣：すみません。プリントが無くなってしまいました。
瀬戸：プリントは自然に消えたりはしません。
(cf. プリントをなくしました)

(2) 南澤：すみません。カップが割れてしまいました。
三野：割れたんじゃなくて、割ったんだろ。
(cf. カップを割ってしまいました)

コラム 6 フランス語の受動用法と受動態

再帰構文に受動用法があることを本文で紹介しました。一方、フランス語にも受動態があります。この二つの構文はどう違っているのでしょう。ものに焦点を当ててその性質を述べる再帰構文の受動用法に対して、受動態は原則として次の例のように特定の時点に起きる具体的な事態を表わします。

(1) Gabriel a été sévèrement grondé par son père hier soir.
(Gabriel was severely scolded by his father yesterday evening.)
「ガブリエルは昨夜お父さんに厳しく叱られた」

ただ、他動詞パターンの文とは働きかけの方向性が逆になっています。

対象物 ◀ —— 働きかけ (◀—— 動作の担い手)
(主語)　être＋過去分詞　(par ～)

上の図のように対象物がどのような変化・影響を受けるのかという観点から文が述べられています。動作の担い手が表現される時でも、前置詞par（またはde）で始まる前置詞句として表わされます。つまり、動作の担い手は事態の背景・舞台装置の一部として表わされることになります。動作の担い手の部分がかっこに入っている所以です。

また、他動詞構文では動作の担い手を表わす主語は必要不可欠ですが、受動態では対象物に焦点が当たっているので、この部分は省略しても文は成立します。

(2) La réunion a été encore remise.
(The meeting was postponed again.)
「ミーティングはまた延期された」

日本語では受動用法のように働きかけを通してものの一般的性質を表わす専用の構文はありません。「れる／られる」「〜できる」「〜するものだ」「〜ている」といった性質を表わす語尾を動詞に付ける形を取ります。比較してみましょう。

日本語	フランス語
「〜れる／られる」、「〜できる」、「〜するものだ」、「〜ている」、その他	⇒ 再帰構文の受動用法が対応

日本語からのふりかえり ❺

それでは、第8章と第9章のふりかえりを始めましょう。日本語との関係を視野に入れてこの2つの章のポイントをまとめると、「フランス語は他動詞文に基づく表現が（日本語よりも）広範囲で用いられる」とすることができるでしょう。

外国語学習の際に困難な点の1つに、こうした言語差に基づく事例のとっさの使い分けが挙げられると思います。本文中に出てくるフランス語の例も日本語の発想に基づくとなかなか思いつかないような表現がいくつも見られましたね。

もちろん、初級の段階からここまで要求するのは求め過ぎだという意見もあると思います。そう考える方は、中級、上級とレベルが上がり、「より“ネイティブらしく”話したい（その場合の「ネイティブ」とは、世代・性別・職業等、具体的にどういう人なのかというのも興味深い問です）」と望むようになった時に、上記のような問題を考えるのも良いでしょう。どこまでのレベルを求めるかは、各自のその言語を学ぶ理由の数だけ多様であって良いと思います。

さて。上記の考えに基づくと、ひょっとすると日本語は反対に自動詞文が用いられる範囲が広いのかもしれないなあ、と考えた人もいるのではないでしょうか。（私は考えたのですが、皆さんはどうですか？）そして、この予想は正しいのではないかと思わされる現象が日本語には存在します。この点について、以下の例を見てください。私が通勤時に電車内（阪急電車）で実際に耳にした表現です。

(1)　―電車の車内アナウンス―

扉、閉まります。

これは「扉が閉まる」という自動詞文です。他動詞文であれば「扉（を）閉めます」ですね。とは言え、ここで「実際には車掌さんが閉めるんだから、『閉まる』じゃなくて、『閉める』だろう！」とクレームをつけたいわけではありません。前にも言いましたが、言語学者の仕事は「言葉の世直し（そんな仕事があるのかは分かりませんが)」ではなく、世の中の言葉を観察して「なぜそういう表現を使うのか」を考えることですし、そもそも私は毎日そんな不満を持って電車に乗っているわけではありません。

そうではなく、一見、他動詞文で表しそうな状況であっても日本語では自動詞文が自然に選ばれ得るということを確認したかったのです。おそらくフランス語話者は (1) の場合、大多数の方が他動詞文を用いるのではないかと考えられます。本書のタイトルになぞらえて言うなら、ここにフランス語の発想と日本語の発想の違いが表れていると言うことができるでしょう。読者の皆さんが知っている外国語ではどうでしょうか？ (1) を例に考えてみる (質問してみる) のも面白いかもしれませんね。

さて。再度まとめますが、この出来事は「特定の人物（車掌さん）が引き起こす対象の変化（扉の開閉)」なので、典型的な他動詞文的出来事に近いと言えます。しかし、こういう出来事であっても、日本語では自動詞文で表現され得るのです。このことは、日本語における自動詞文が用いられる範囲の広さを示していると言えるのではないでしょうか？

なお、付言ながら、同じ電車でも「扉を閉めます」とアナウンスされることもあります。これはやはり、上述のように (1) が典型的な他動詞文的出来事に近いことによるのでしょう (以前、新聞の投書欄でそういった「苦情（？)」を目にしたことがあります。そういった指摘の影響もあるのかもしれません)。そうした場合、日本語は自動詞文・他動詞文の両表現が出現するようです。それに対して「弟がいる」のように他動詞文から見た時に明らかな非典型的出来事の場合、「弟がいる／×弟を持つ」のどちらも用いられるというようなことは日本語ではありませんね。

そして実は、こうした言語による自動詞文・他動詞文の好みの違いを知っているだけでも、外国語学習における成果に差が出るように思えるのです。私自身、ある外国語を勉強していて、例えば「(私は) 寒い」と表現する際に日本語の「持つ」に当たる動詞を用いることを知った際、この言語が他動詞文を好むのだということに思い至り、すんなりと受け入れることができました（あ。「すんなり」は格好付け過ぎかもしれませんが、まあ、どうにか受け入れられたということです）。また、同じく外国語で文を作る時にも、日本語よりもより広く他動詞文を使用するということを意識することで成果を得ています。こうして考えると、言語学も案外、世間の役に立つことがあるのですね。良かった、良かった（とは言え、「役に立つ＝善」「役に立たない＝悪」という価値観の妥当性についてはじっくりと検討する必要がありますが）。

以上、このふりかえりでは、主に「フランス語は日本語に比べて他動詞文が用いられる範囲が広い」という点に基づいて日本語に関する議論を行ってきました。その過程でこれまであまり意識することのなかった、外国語学習の際の言語間の違いについて考えるきっかけが得られたのではないでしょうか？

第10章

事故はやってくる？

何でも動きで表わすフランス語

はじめに

他動詞構文を出発点にフランス語の特徴を見てきましたが、全体的に見て日本語が「静」の言葉であるなら、フランス語は「動」の言葉であると言えるでしょう。他動詞構文に関してはこの「動」は働きかけという形で現われていましたが、この章では「移動」という形で現われる「動」について見ていきます。たとえば、フランス語のarriverという動詞を考えてみてください。もちろん英語のarrive同様に「到着する」という意味があります。ところがフランス語のarriverにはもう一つ、次の例に見られる重要な意味があります。

(1)　Il est arrivé un accident de voiture ce matin.
(There happened a car accident this morning.)
「今朝自動車事故が起こった」

先ず(1)は非人称構文です。フランス語では男性単数の3人称代名詞が非人称主語として用いられます。英語ならばここはthere非人称にして動詞はhappenを使うところですが、フランス語ではarriverが同じ意味を表わします。つまり何もなかったところに「事故がやってくる」＝「事故が起こる」と考えているわけです。フランス語ではこのように元々は移動を表わす動詞が実際の移動とは異なる意味で用いられることがよくあります。人やものの移動だけでなく、広く物理的な位置変化を表わす動詞が、実際の位置変化を伴わない意味で用いられることもよくあります。対応する日本語でも同じような現象はある程度観察されますが、そのような場合はフランス語ほどは多くありません。この章では、このような動詞の意味の拡張について詳しく見ていくことにします。

◎── 位置変化を引き起こす動詞の比喩的拡張

先ず本来は対象物の位置の変化を伴なう働きかけを表わす動詞の意味が、比喩的に拡張された例について見ていきます。

(2)　La France a lancé une nouvelle fusée.
　　(France has launched a new rocket.)
　　「フランスは新しいロケットを打ち上げた」

(3)　Ils ont lancé un nouveau boisson.
　　(They launched a new drink.)
　　「彼らは新しい飲料製品を売り出した」

(4)　Cette chaîne va bientôt lancer une nouvelle emission.
　　(This channel will soon launch a new program.)
　　「この放送局はまもなく新しい番組を開始する」

lancerという動詞は元々槍などを投げるという意味ですが、時代の変化と共にロケットなどを打ち上げるという意味への拡張が起こりました。この急速に勢いよく何かを投げる・発射するというイメージ、言い換えるとスキーマから、投擲・発射の開始の時点に焦点が当てられ、新製品の売り出しや新しい企てを開始することという対象物の位置変化を伴なわない意味へと拡張が起こったのです。再帰構文にしてse lancer dans un nouveau projet (get into a new project)「新しいプロジェクトに取りかかる」のように用いることもできます。単に「始める」という動詞を用いるよりも、待ち受ける困難や努力を必要とすることなどに果敢に立ち向かっていくニュアンスが出ます。

次に、「荷物を二階に上げる」というような時に用いるmonter「上にあげる」という動詞の場合を見てみましょう。

(5) Ils vont monter un échaffaudage là.
(They are going to erect scaffold there.)
「彼らはこれから足場を組む」

(6) Margot a monté une pièce avec des amis.
(Margot presented a play with her friends.)
「マルゴは友人達と（協力して）芝居を上演した」

(7) Il va de nouveau monter une société.
(He will start a company again.)
「彼はまた会社を起こす」

物理的に物を高いところに上げるという最初の意味から、(5)の「足場を組み立てる」のような上への動きのイメージを伴ない、結果的に高い物が出来上がるという意味への拡張が起こります。過去分詞の形容詞的な用法ですが、une pièce montée「デコレーションケーキ」は、飾り付けをしたケーキを作り上げるというやはり上に向かうイメージからの拡張です。そして上に向かうというイメージは、多くの言語で何かを作り上げる、それもある程度苦労をして作り上げる、完成するという意味と結びつきます。この動詞の名詞montageはまさに「(機械の) 組み立て；(映画の) 編集」という意味です。そのような拡張によるのが (6) (7) の例です。(6) は単に上演したというだけでなく、みんなで協力して困難を乗り越えて作り上げたというニュアンスがあります。(7)の例の日本語訳の「起こす」はmonterに似ていますが、日本語の「会社を起こす」や「事故が起きる」は横になっていて、あるいは下にあって見えなかったものを「起こす」、あるいは「起きる」ことで見えるようにする／なるというイメージです。一方、monterには上に向かって、比喩的には完成に向かって積み上げていくという動きが感じられます。

このような意味の拡張の例はまだまだありますが、これはフランス語が「動」の言語であるということだけでなく、フランス語では比喩が多用されるということでもあります。比喩については第1部の物の名前や意味の多義性のところでも見ましたが、日本語では類似性を見ていない対象Aと対象Bの間にフランス語では何らかの類似性を見て、それを表現に反映させていることが多いということです。

◎—— 仮想の移動

今度は仮想の移動という現象について見ていきます。先ずは例文を見てください。

(8)　Nous avons suivi le guide jusqu'au sommet.
　　(We followed the guide up to the summit.)
　　「私達は頂上まで案内人のあとについていった」

(9)　Ce sentier suit une rivière.
　　(This path follows a river.)
　　「この小道は河に沿っている」

(10)　Nous suivons cette affaire depuis le début.
　　(We've been following this case from the beginning.)
　　「私達は最初からこの事件の成り行きに注目している」

suivreという動詞は英語のfollowとほぼ同じ意味を持っていて、基本的な意味は (8) のように「(人などの) あとについていく」という「移動」、つまり動きを表わします。

一方、(9) や (10) の例では、主語の小道や人は実際に動くわけではありません。(9) では河に沿って道があるわけで、いわば線状のものが二つくっついて存在しているわけです。(8) のように動くものが動くもののあとについていく場合、それぞれが通った軌跡を考えれば二本の線になります。そのようなイメージから (9) の用法を理解することも可能です。ただフランス語全体のシステムから言うと、(9) のように表現する時には、いわば心の中で河に沿ってその道を辿るかのようにして「**仮想の移動**」をもとに河との関係で道の有りようを捉えていると考える方が、(10) などの用法とも統一的に捉えることができます。

（10）のような場合は、時間の流れの中である出来事の推移に常に注意を向けてきたことを、ちょうど空間の中で人が人についていく関係になぞらえて、いわば時間の中を進んで行く出来事についていくという時間的な「仮想の移動」として述べています。空間的な移動を表わす表現がこのように時間の経過へと拡張されることはよくあります。

日本語では「この道は河に沿って走っている」はやや文学的な匂いを感じさせます。また「事件の成り行きを追う」も少し書き言葉的です。また、suivreの用法の一つに「人の話や授業の内容を理解してついていく」というのがありますが、これなどは日本語でも「ついていく」と言うことが多いでしょう。移動を表わす動詞の意味が仮想の移動へと拡張されるのは、人間の認識から見ると普遍的な現象なのです。ただ日本語とフランス語ではそれを表現として利用する度合いがずいぶん違っているというわけです。まとめると、フランス語では元々空間的な移動を表わす言葉が、実際には動いていないものとものの関係を表わすために使われることがよくあります。一方、日本語では書き言葉に関してはある程度似たような現象が見られますが、日常的にはそのような表現はあまり多くないのです。

◎── 移動を表わすaller（行く）、venir（来る）の広がり

移動を表わす動詞の代表格と言えばaller「行く」です。不規則動詞allerの3人称単数の形vaを用いたフランス語の挨拶言葉Ça va ?という表現も移動を表わしているわけではありません。日本語で言えば「元気かい？」「調子はどう？」といったところでしょう。ここでも同じことを日本語は状態として捉えているのが分かります。allerにはÇa va ?以外にも空間上の移動を表わさない用法があります。

（11） Ce jean va très bien avec ces baskets.
（These jeans match very well with these sneakers.）
「そのジーンズ、そのスニーカーにとっても合ってるよ」

（12） Ça te va très bien, ces boucles d'oreille.
（They look very good on you, these earrings.）
「君にとっても似合っているよ、そのイヤリング」

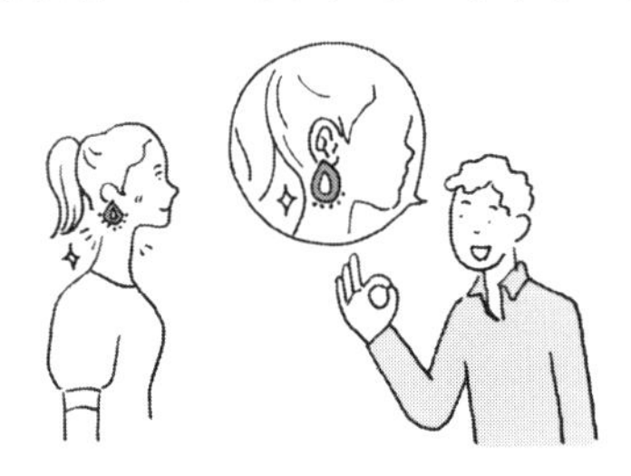

（13） Le saké va très bien avec du poisson cru.
（Sake goes very well with raw fish.）
「日本酒は刺身によく合います」

これらの例のように、身につける物が人に似合う、あるいは何かと調和しているという意味でもallerはよく使われます。このような意味も誰かと誰かが手をつないで仲良く一緒に歩んでいるようなイメージから派生してきたものでしょう。身につける物だけでなく、(13) のように食べ物や飲み物の相性にも使えます。

ところで、allerには英語のbe going toと同じように確定した（そして時間的に近いことが多い）未来の事態を表わす補助動詞としての用法があります。

（14） Ils vont bientôt se marier.
（They will soon get married.）
「あの二人、もうすぐ結婚するんだって」

この用法も、いわば時間の経過を空間上の移動になぞらえて表現しているわけです。これも、移動動詞の意味を空間上の移動から他の領域へと拡張していくシステムがフランス語に備わっているからこそ可能になる用法です。そのようなシステムを基本的な装置として持っていない日本語では、フランス語や英語のように「行く」が未来を表わすような用法は発達しなかったというか発達できなかったのです。

移動の方向性について「行く」allerとは逆になる「来る」はフランス語ではvenirという動詞になります。allerが近い未来を表わすのに対して、対照的にこの動詞venir (de)「来る」は近い過去を表わします。

(15)　Le film vient de commencer.
(The film has just started.)
「映画はちょうど始まったところです」

ついでですが、venirには時間の経過だけでなく原因を表わす用法があります。

(16)　Cette erreur vient de sa maladresse.
(This mistake comes from his clumsiness.)
「このミスは彼の不手際が原因だ」

日本語でも少し硬いスタイルでは「AはBに由来する」などと言えるので、(16) は理解できるでしょう。今ではちょっと古風な表現ですがD'où vient que...「～なのはなぜだろう」という決まり文句があります。直訳すれば「que以下のことはどこから (d'où) 来るのか」となります。(d'oùはde=fromとoù =whereが縮約された形で、from where「どこから」の意味です。) いずれにしろこれらも因果関係を移動のイメージで捉えています。

あるいはvenirには以下の様な表現もあります。(17) は非人称構文です。

(17)　Il m'est venu à l'esprit une bonne idée.
(There came to me a good idea.)
「よい考えが浮かんだ」

(18)　Le mot ne vient pas.
(The word doesn't come to my mind.)
「(その) 言葉が浮かんでこない」

日本語ではこのような場合、「思いつく」とか「浮かんでくる」のように、「そこに無かったものがどこからともなく現われる」というイメージで捉えるのですが、フランス語では「どこからかやって来る」とあくまでも移動のパターンにのっとって表現します。venirに接頭辞の付いたrevenir「戻ってくる」にも次のような使い方があります。

(19) Ça revient au même.
(It amounts to the same thing.)
「結局同じことになる」

çaはその時問題になっていることを指し、それが同じところ (même) に戻ってくる (revenir) という表現で、「それは結局、同じことだ」という意味を表わしています。日本語が「同じことになる」と捉えているところを、フランス語では「同じ所へ戻って来る」という動きとして捉えています。

もう一つ移動を表わす動詞を見ておきます。具体的な仕事や企ての進行具合を尋ねる時に日本語でも移動表現の「行く」を用いて「うまく行っているかい？」と言うことがありますが、この日本語に対応するフランス語はallerではなくÇa marche ?でしょう。このmarcher「歩く」も本来は空間上の移動を表わす動詞ですが、仕事や機械類などの調子を述べる時にもよく使われます。

(20) Cette montre ne marche pas très bien.
(This watch doesn't work very well.)
「この時計の調子、あんまりよくないんだ」

(21) Ses affaires marchent plutôt mal.
(His business is going pretty badly.)
「彼の事業はどっちかというとうまくいってない」

◎—— 事件も「やって来る」？

フランス語では英語のhistoryとstoryがhistoireという一つの単語で表わされます。(英語はフランス語から二つの単語にして借用したのです。) 同じように英語のarriveとhappenの両方の意味を、フランス語ではarriverという一つの動詞が受け持っています。この場合も、移動と「仮想の移動」というように考えると理解できるようになります。（フランス語の語彙の意味の抽象性と多義語の例にもなります。）

(22) Il va arriver bientôt.
(He'll soon arrive.)
「彼はもうすぐやって来る」

(23) Un malheur n'arrive jamais seul.
(A bad thing never comes alone.)
「不幸は必ず続いて起こる」

(24) Hier, il est arrivé ici un accident grave.
(Yesterday there happened a serious accident here.)
「昨日、ここでひどい事故が起こった」

(25) Je n'arrive pas à ouvrir cette fenêtre.
(I can't open this window.)
「この窓、開けられないんだ」

つまり、ここでも日本語では不幸や事故は発生すると捉えているのに対して、フランス語ではどこかからやって来ると捉えています。さらに (25) の例は、単にできるできないではなく、能力や技術の程度を表わすスケールの上で、à以下の不定詞部分が表わしている行為ができる状態・段階に主語として表現された人が達する・達していないという概念上の「仮想の移動」を想定した言い方なのです。だからこそ、英語のI can't open this window. よりも「開けようといろいろしてみたけれどどうしても開けられない」という努力の過程を生々しく感じさせるのです。このニュアンスを英語で表わすためには、This window won't open. とすればよいでしょうが、これは擬人化というフランス語とはまた違った方略を用いた表現になります。

因みにarriverから派生したarrivisteという名詞があります。「野心家、出世主義者」という意味で使われます。ある時、知り合いのフランス人が他のフランス人を指して「あいつはarrivisteだ」と言うのを聞いた時に、妙に生々しく感じたのですが、それはこの単語が「仕事の上で目指す地位、ひとかどの地位に到達しようとしている」という積極的な動き、つまりは欲望や野心を感じさせる名詞だからではないかと思います。

◎── まとめ

ここで見てきたように、フランス語が「動」の言葉であるということは、具体的な移動を表わす動詞が拡張されて、実際には動きが無い場合にまであたかも「仮想の動き」があるかのように捉えて表現するという方略を、日本語などに比べるとずっと広範囲に用いているというところにも如実に現われているのです。

巻末の「フランス語の知識を深めましょう」の多義語に関する第1章関連で触れていますが、sortir「外に出る」という意味の動詞には、本が出版されることや映画が封切られるという意味があります。日本語でも本については「出る、出た」という表現を使いますが、映画については類似の表現は存在しません。この場合もやはり移動を表わす動詞を用いて移動以外のことを表わすという現象は日本語にも存在はするものの、常にフランス語よりはその適用範囲が狭いというか、フランス語ほどはその方策を広くは利用していないということになります。

考えよう

本文やコラムにおいて「いく」「くる」が重要な概念として扱われていました。そこでここでも日本語の「いく」「くる」について少し考えてみたいと思います。

(1)　少しずつ大きくなって（きた／いった）。

(2)　これからも、この状況は続いて（×くる／○いく）だろう。

(3)　昨日まで何度も繰り返し忠告して（○きた／×いった）はずだ。

さて、(1)～(3)から分かるように、「いく」「くる」には両方使える場合と片方しか使えない場合とがあります。それぞれどういう場合なのか、そしてその違いはなぜ生じるのか考えてみましょう。

これは、語句が本来の意味（辞書的な意味）とは違う使われ方をするようになる場合、その使用を何が制限しているのかを考える問題とも言えます。

コラム 7

日本語の「来る」は過去を表わせるのか?!

本章では、フランス語のvenir「来る」がLe film vient de commencer.「映画はちょうど始まったところです」のように近い過去を表わすことができることを見ました。ところで日本語の「来る」にも過去を表わしているかのような表現があります。「もうご飯は食べてきた」や「映画に行ってきた」などがそうです。ただしこれらは「食べてから来た」「映画を見てから来た」のような表現から発達してきたもので、行為の確認のニュアンスが残っていますが、元々の空間上の移動の意味が薄れたものです。空間関係を時間関係に投影したフランス語のvenir（de）の場合とはかなり違っています。

さらに日本語では、「ちょっとご飯を食べてくるよ」「今から映画に行ってくるわ」のように、「来る」が未来を表わしているように見える場合もあります。これは元々は「食べてからまた来る」「映画に行ってからまた来る」のような表現から発達してきたもので、多くの場合、また戻ってきたり、あとでまた合流するような状況で用いられます。そしてある行為を「試しに、念のために、とりあえず」するというニュアンスが感じられることが多いようです。いずれにしろ、フランス語の場合とは性格の違う現象です。

第11章

çaとon

主語は主語でも

はじめに

ここまで、フランス語では他動詞パターンを好むということ、つまり働きかけの源、エネルギーの出所としての主語が非常に重要な役割を果たすということを見てきました。この点においてもフランス語と日本語は大きく異なっています。日本語では主語の省略された文や、主語がはっきりしない文はまれではありません。一方、フランス語では働きかけのある他動詞の場合だけでなく、自動詞や性格付けの文においても、構文の上で主語の部分を空白にしておくことはできません。規範的には必ず主語の位置を埋めなければなりません。英語やフランス語で代名詞が発達している理由の一つは、このような性格と大いに関係があります。おまけに、話題になった名詞に代わる場合や目に見えている人やものを指す場合に使われる代名詞だけではなく、フランス語にはonというちょっと変わった人称代名詞や、またçaという話し言葉で非常によく使われる指示代名詞があります。

フランス語では主語は重要なのですが、実はそんなフランス語でも文の主語や働きかけの主体を背景化したり表に出さないようにしたいという場合もあるのです。特に話し言葉ではそのようなことがよくあります。そんな時に活躍するのが、このonとçaなのです。この章ではこの二つの代名詞の働きを通して、フランス語のもう一つの面について見ていくことにします。そして、これまで違いに重点をおいてお話ししてきたフランス語と日本語ですが、フランス語には意外と日本語に似ている点があって、私達日本語話者にもよく分かる一面もあるということを知っていただきたいと思います。

◎── on って誰？

先ずonを用いた例文をいくつか見てみましょう。英訳ではonは便宜的にwe、you、they、everybodyなどで訳しておきますが、weやyouなどを用いると解釈の幅がせばまってしまうことがあります。しかしonだとそういうことがありません。

(1)　Dans la vie on ne regrette que ce qu'on n'a pas fait.
　(In life we only regret what we didn't do.)
　「人生では後悔するのはやらなかったことだけだ」

(2)　On n'est jeune qu'une fois.
　(You are young only once.)
　「青春は一度だけ」

(3)　On se lève tôt en France.
　(They / We get up early in France.)
　「フランス人は早起きだ／フランスではみんな早起きだ」

(4)　- Vous êtes combien ?　　- On est quatre.
　(- How many are you?　　- We are four.)
　「(レストランで) 何人様ですか」「4人です」

コクトーの言葉である (1) やあるいは (2) は格言的に一般論、つまり誰にでも当てはまることを述べています。このような場合、訳からも分かるように日本語ではわざわざ主語を言う必要はありません。しかしフランス語では不便なことにそうはいかないのです。そこで多用されるのがラテン語のhomō「人間」に由来するonという代名詞です。たとえば (1) の文ではonは不特定多数の人を指しています。典型的な他動詞文というのは、たとえばClaudeとかZoéといった具体的・個別的な人が特定の時間に、特に過去のある時点に実際にした具体的な行為を表わすものでした。このような観点から見た場合、具体的・個別的でない主語を表わすonを用いた文は他動詞文であっても周辺的な文になり、多くの場合、動詞が表わす事態も潜在的なものになります。(2) の文についても同じです。

日本語ではこのような場合、「人は誰でも」「人／人間というものは」のような言い方ができなくもありませんが、そのような文はどうしても翻訳調になりますし、むしろ主語に当たるものをはっきりと言わなくてもよい場合がたくさんあります。ところがフランス語ではどのようなタイプの文であれ、原則として主語の位置を埋めなければいけません。その結果としてonのような実体のないというか、指す対象が漠然としている主語専用の代名詞が存在しているのです。まとめると次のようになります。

一般論や潜在的事態を述べる時

フランス語	日本語
主語は常に必要	主語の位置は必ずしも埋めなくともよい
on	△
	(「人／人間というものは」、「人は誰でも」)
	(△は何もないことを表わしています)

このタイプのonについては、フランス語にまだ慣れていない人がよくする「人は～」という訳は日本語として不自然な場合が多いので、避ける方が無難です。

◎── onを主語にした文の役割

(1) や (2) で見たように、onはことわざなど一般的なことを述べる時によく用いられます。典型的な他動詞文が具体的な事態の報告をするというのがその主要な役目であるのに対して、一般的なことを述べる文というのはある事態を前にしてそこから文字通り「一般的真理」を結論として述べたり、「普通は～だ／～するものだ／～してはいけない」というようなニュアンスを表わすことが多くなります。前に見た再帰構文の受動用法が潜在的な事態を通して主語に置かれたものの一般的性質を述べていたのに少し似ていますが、不特定多数とはいえ人を指すonを主語にする文は人の行動に対しての文なので、その文が表わす事態を誰にでも当てはまるものとして述べます。つまり、「誰でも～している／する」という一般的な事態の記述を出発点として、「誰でも～するべきだ」→「〜しなさい」、否定形なら「〜してはいけない」という具合に指示や命令、あるいは禁止（＝否定命令）といったニュアンスを表わすようになるのです。

（5）　Ici on paie en liquide.
（Here everybody pays cash.）
（お店の掲示で）「現金払いでお願いします」

（6）　On ne marche pas sur la pelouse !
（You don't walk on the lawn!）
（芝生の上を歩いている人に向かって）「芝生の上を歩いては駄目だよ」

そう言えば、19世紀のロマン主義の作家ミュッセがフェミニスト作家ジョルジュ・サンドとの恋に破れた時に書いた戯曲のタイトルに

（7）　On ne badine pas avec l'amour.
（We musn't trifle with love.）
「戯れに恋はすまじ」

というのがありましたが、これも「軽々しく恋をするものではない」というニュアンスで一種の戒めを表わした文になっています。これに対して、前に見た再帰構文の受動用法を使って、そうは言われてもと次のように反論すると

（8）　L'amour ne se commande pas !
（Love cannot be commanded!）
「人を好きになる気持ちというのは押さえようがない」

これは人ではなくamour「恋心」というものの性質を述べた文になります。
onを用いて命令や禁止を表わす文は、その文が書いてあったり実際に言われる状況では、「だから私達は〜しましょう／〜しないでおきましょう」「あなたも〜しなさい／〜してはいけません」など状況に応じた意味を表わすにしても、onそのものは「私達」や「あなた」なども含む人一般を指しています。これに対して(3)や次の文ではonが指している対象はもう少し制限されます。

(9) Au Japon on mange du riz presque tous les jours.
(In Japan we eat rice almost every day.)
「日本ではほぼ毎日ご飯を食べます」

(3)ではen France、(9)ではau Japonという場所を表わす語句があることによって、その場所にいる人一般ということで、結果的にフランスにいる人一般、日本にいる人一般を指すことになります。(ここで説明する余裕はありませんが、フランスと日本とでは用いられている前置詞が違っています。)このような場合は「フランス人は／日本人は」といった訳でうまくいく場合もあります。onに対する限定は場所だけでなく時間に関しても可能で、au 16e siècle (in the 16th century)とあればonは16世紀の人を指すことになります。
また具体的な地名でなくとも、chez nous「私達のところ(家、地方、国、組織…)」、chez vous「あなた方のところ(家、地方、国、組織…)」、ici「ここ」、là-bas「あちら」といった副詞句で状況から理解される場所にいる人としてonが指す人の範囲を制限することができます。

(10) Chez nous on n'a que trois semaines de vacances.
(At our place we have only three weeks of vacation.)
(フランス人と話している日本人が)「日本では休暇は3週間しかありません」
(11) Ici on cultive beaucoup de maïs.
(Around here we cultivate a lot of corn.)
「この地方ではとうもろこしの栽培が盛んです」

もっともこのような文ではonが果たしている役割は、日本語訳からも分かるようにかなり小さいと言えます。つまり、chez nousやiciが状況と結びついてそれぞれの文の内容が有効になる範囲を限定しており、onはいわば文の構造上埋めなければいけない主語の枠を埋めるために用いられているのです。

いずれにしろ、onが指す範囲は限定が加わることで様々に変化します。そして最終的には話し手を含む「私達」という最も限定された意味になり、日常的にはnous「私達は／が」の意味で多くの場合onを用います。以下のようなイメージです。

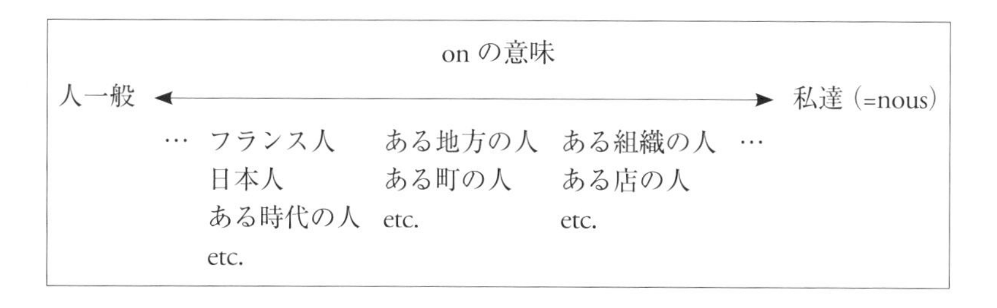

◎── nousに代わるon

フランス語にある程度慣れているかどうかの判断の目安の一つに、日常会話で「私達は／が」と言いたい時に、nousではなくonが使えるかどうかということを挙げることができます。(4) や以下のonの使い方がそういう場合です。

(12) Si on allait prendre un petit café ?
(Why don't we have a cup of coffee?)
「ちょっとコーヒーでも飲みに行かないかい」

(13) Pendant le goûter, Louisette et moi, on n'a rien dit.
(During snack time, Louisette and me, we didn't say anything.)
「おやつを食べる間、ルイゼットと僕は何も言わなかった」

(12) はsi (=if) + 半過去 (on allait) で誘いかけを表わす構文です。un petit caféのpetitは「小さい」ではなく「ちょっと」といったニュアンスです。(13) は『わんぱくニコラ』からの例です。nous n'avons rien ditとnousを用いてもいいのですが、日常会話ではonを使うのが一般的です。『わんぱくニコラ』は子供のニコラが語るという形式なのでかなり話し言葉的な書き方になっています。その中には次のような文も頻繁に見られます。

(14) Nous on était tous d'accord pour cette idée (...), mais Alceste n'était pas d'accord.
(As for us, we all agreed with this idea (...), but Alcest didn't agree.)
「僕達はみんなその考えに賛成だったけれど、アルセストは違った」

文頭のnousは形は同じですが主語のnousではなく、対比を表わす時に文頭などで用いる人称代名詞の自立形です。ここでもアルセストと、ニコラを含むそれ以外の子供達が対比されています。この文のonはnousの意味で使われているので、それに対応する自立形は意味から主語のnousに対応する同じ綴りのnousということになり、その結果nous on ...という連続ができるのです。この場合のonは意味の上では1人称複数ですが、文法上の約束では3人称単数なので、対応する動詞はもちろん3人称単数形です。フランス語では動詞の語尾が人称で変化しますが、実際はほとんどの動詞で単数形のどの人称も発音が同じです。nousの代わりにonを使うと、1人称複数形も同じ発音で済ますことができるという利点もあります。

さて「私達」を意味するonにはさらに次のような使い方もあります。

(15) Qu'est-ce qu'on a appris aujourd'hui ?
(What did we learn today?)
(子供に)「今日は何を習ったのかな」

(16) Alors, comment on va ce matin ? On a fait son pipi ?
(Well, how are we feeling this morning? Did we pee?)
(看護師が患者に)「今朝の具合はどうですか。おしっこは出ました？」

文法の約束上はonは3人称単数なので、所有形容詞も3人称単数形sonが用いられています。いずれも本来なら2人称で尋ねるところをonで尋ねています。

これは実際に対象に含まれていない話し手があたかも自分もその中に含まれているかのようにnousを意味するonを用いることで、子供や病気の人といういわば弱い立場にある人に対して相手に寄り添っている気持ちを表現しているのです。このようなことができるのも、onがその指示する範囲に関していわば伸縮自在な性格を持っているからこそです。文脈さえ整えばある意味onはすべての人称に代えて用いることができます。

◎── ça って何？

さて日本語では主語を言わなくてもいいところをフランス語では必ず主語がいるのでonのような代名詞があるのだと説明しましたが、onはあくまでも人の場合です。人以外の場合はどうすればいいのでしょうか。そんな時に活躍するのがçaという代名詞です。フランス語を習うとすぐに出てくるのが « Ça va ? - Ça va. »「元気？ －うん、元気だよ」という挨拶の表現ですが、そこで用いられているçaです。この場合のçaは主として健康の状態や気分などを指していると考えられますが、同じÇa va ?は使われる場面によっては仕事や勉強の調子やそのはかどり具合、その他広くいろいろなことを指すことができます。たとえば誰かが目の前でつまずいて倒れそうになったとします。そんな時はすかさず、Ça va ?と尋ねます。これは日本語なら「大丈夫ですか？」に当たるでしょう。ですから、Ça va ?のçaは相手の身体や仕事などの調子を漠然と指し、onと同様に使われる状況によってその指す範囲がある程度限定されたりするのです。ただonの場合はどれだけ漠然としていようと指す対象は人に限られています。一方、çaは一応は指示代名詞なので、目の前にあるものや既に話の中に出てきたものやこと、お互いに何であるかが分かるものを指す働きもあります。

(17) Donnez-moi ça, s'il vous plaît.
(Give me that one, please.)
(お店で)「それください」

(18) Tu as vu ce film ? Ça m'a vraiment intéressé.
(Have you seen that film? That one really interested me.)

「あの映画見たかい？あれは本当に面白かったね」

ところが、特に主語として用いられるçaの用例の中には何を指しているのかはっきりしない場合がよくあります。

（19） Ça sent bon ici !
（It smells good here!）
「ここはいい匂いがしている」

（20） Eh ! Ça fume !
（Eh, it's smoking!）
「おい、なんか煙ってるよ」

（21） Attention ! Ça glisse !
（Be careful! It's slippery!）
「気をつけて、滑るよ」

（22） Ça me démange dans le dos.
（I'm itching on my back.）
「背中がかゆいな」

（23） Au printemps ça boutonne partout.
（In Spring, there appears buds all over.）
「春にはいたるところで芽（蕾）が出てくる」

指示代名詞というと何かを指していると考えがちです。これらの例ではçaはその場の状況を指していると言う人がいます。しかし状況が煙ったり、あるいはかゆさを引き起こしたり芽を出したりはしません。詳しく説明する余裕はありませんが、これらのçaはçaを主語に取る文を、その文を発している人（発話者）がいる状況に結びつける働きをしています。まさにその状況のただ中に発話者がいてその事態を経験して表現していることを表わしているというのが私の考えです。çaは歴史的には具体的な指示をする指示代名詞のcelaが話し言葉で音的に縮約されてできたものでもあるのですが、一方で古いフランス語で用いられていた発話者がいる場所を指すçaという副詞の働きも引き継いでいるのです。そのために何かを具体的に指示する働きもあれば、ここで述べているような副詞的な働きもあるのだと考えられます。このように二つの語が融合することを専門的には「混淆」と呼びます。なお、現在アクセント記号を付けてçàと綴られる語はこの副詞のçaの名残です。

このように考えると（19）や（20）は、まさに発話者が「あれっ、なんかいい匂いがするな、なんか煙ってるぞ」と思って、それを表現しているわけです。意味の上では主語は必要ないのです。（21）はたとえば雨で階段が濡れていたりして、そこを歩く時に滑りやすいから気を付けてと言っているので、履き物や階段を主語に取っているわけではありません。（22）も身体的感覚であって、何がかゆさの原因なのかは分からないのが一般的です。（23）は春にはいたるところで芽や蕾が出てくる現象全体を述べていて、個々の芽や蕾のことを言っているのではありません。発話者はまさにそんな春の息吹のただ中にいるということを述べている文です。このようなタイプの文は日本語話者には非常に分かりやすい文だと思います。このようなçaを主語に取る文に慣れると、フランス語がこれまでよりもずっと身近に感じられるようになるはずです。

çaが一見何かを指しているように思える場合も、上で見たようなçaとつながる性質があることを少し説明しておきます。

（24）　Ça t'a plu ?
　　　（Did you like that film?）
　　　（映画を見終わって）「（今の映画）気に入ったかい？」

（25）　Ça te va très bien.
　　　（That suits you very well.）
　　　（スカーフを買おうとしている彼女に）「（そのスカーフ）君にとても似合ってるよ」

ここではçaは具体的に今見たばかりの映画や、彼女が手に持っているスカーフを指しているように思えます。でもよく考えてみると、（24）ではçaは「映画の内容全体」を指しているのであって、何か具体的な物そのものを指しているのではありません。また（25）の場合もスカーフ（écharpe）やそれを代名詞化したelleを主語にしても言えるのですが、çaを主語にすることでそのスカーフを身につけた彼女の全体的な様子を考えているニュアンスが出ます。この点ではçaは漠然と不特定多数の人を指すことができるonと似ています。何か物を具体的に指しているように見えても、実際はその物の周りに付随する物やその物を包み込む状況などまで含んでいることが多いのです。そして(19)–(23)のようなタイプの文ではçaは何かを指しているのではなく、究極的には発話者がçaを主語とする文が表わしている事態そのものの中に包み込まれていることを表わしています。発話者はその事態のただ中にいて自分の身体を通してその事態を経験しているということを表現しています。

◎—— まとめ

フランス語は日本語などに比べると、事態をより客観的に外から見ているように捉える言葉です。そのこととçaを主語に取る文の話は考えてみれば逆になります。実はフランス語には英語と同じく事態を客観的に捉える一面があると同時に、特に話し言葉では日本語の事態の捉え方に近い一面も強くあります。いずれにしろ、現代フランス語を理解する上でçaの働きを理解することは非常に大切であり、その働きは実は現代フランス語が持っている日本語の発想と似ている一面を私達に見せてくれています。

他動詞構文を好み「動」の言葉であるフランス語ですが、その反面、働きかける主体でありエネルギーの源であり基本的に主語として表わされる主体を背景化して言葉の上では表わさない手段も持っているのです。再帰構文の受動用法や自発用法もそういう手段でしたが、この章で扱った人称代名詞onもそのような手段の一つです。さらには何も指示していないçaを主語に取る構文がまさにその最たるものと言えるでしょう。この何を指しているのか決めがたいçaを主語に取る構文は20世紀半ばには既に発達していたようですが、その後どんどんと勢力を伸ばしているように思えます。

なお、基本的に主語位置を埋めなければいけない英語やフランス語が実質的な主語を言わないで済ます手段としては非人称構文というものがありますが、この章でお話ししたçaを主語に取る構文ではçaは単に主語位置を埋めるだけではなくもっと積極的な働きをしているので、çaを主語に取る構文は非人称構文ではありません。この二つの構文の違いや非人称構文そのものについても興味深いことは多いのですが、残念ながらこの本ではそれを扱う余裕はありません。

考えよう

現代日本語の「投げる」には、次のふりかえりで見る「見る」に近い意味の他にも、具体物の移動を表さない用法が存在します。そういった用例を探し、それがどのような意味で用いられているか、そして、なぜその状況で「投げる」が使われたと思うか、話し合ってください。

また、ふりかえりでも述べますが、「投げる」以外にも具体的な移動・動作を表すはずの動詞がそうではない状況で用いられる現象が存在します。そうした例を探してみましょう。周囲に外国語を母語とする方がいる場合は、その外国語にも似たような現象が無いか聞いてみるのも良いでしょう。

日本語からのふりかえり ❻

さて。ここで本書最後のふりかえりをしておきましょう。読者の中には既にお気付きの方もいるかもしれませんが、この第2部は（第1部と比べて）各章の独立性が高くなっており（つまり、第1部以上に章ごとに完結した内容になっており）、複数の章をまとめてふりかえるというのはなかなか難しくなっています。「それなら、章ごとにふりかえりをしてほしい」という意見もあるかもしれませんが（あれば嬉しいのですが）、そこはまあ、ページ数との兼ね合いということでお許しください。

第10章、第11章を大雑把にまとめると、前者は日本語とフランス語の異なりに焦点を当てていて、後者は類似点に焦点を当てていると言うことができます。ここでは特に、第10章の異なりの部分に注目してみましょう。

第10章では、本来動きを表すはずの動詞が動きには見えない事態を表すのにも用いられることがフランス語では多いと述べられていました。この指摘を受けてこのふりかえりでは、日本語における「動きを表すはずの動詞が動きには見えない事態を表す」現象にはどういったものが見られるかを確認していきたいと思います。本文では日本語には上記の現象は少ないと言われていましたね。しかし、「少ない」ということは、ゼロではないわけです。その数少ない現象にはどういったものが存在するのか見てみましょう。読者の中の日本語を母語とする方々は、こうすることでフランス語の上記の現象をより身近に感じることができるのではないかと思います。日本語以外が母語の方も、ご自身の母語で上記のような現象はないか考えてみてください。

さて、ここでは本文で挙げられていたフランス語の動詞に意味的に近いと考えられる日本語の動詞を観察したいと思います。lancerに近いと思われる「投げる」を見てみましょう。以下に「投げる」を用いた文の実例をいくつか挙げます（国立国語研究所が構築した「現代日本語書き言葉均衡コーパス」から収集した例です）。

(1)　ランナーなしでツーアウト。バッターのリンゴがピッチャーまぐろの投げたボールを場外ホームランしました。さて、ゲームはどうなったでしょうか？　（横田順彌／「山田太郎十番勝負」）

(2)　堀口は思ったより怖くなかった。最後はタオルを投げてもらった形になったが、目さえ悪くなかったら負けなかったと逆に自信を持ちましたよね。　（山本茂／「ピストン堀口の風景」）

(3)　竜次は、吸っていたタバコを遠くへ投げた。路上で、小さく火花が散った。　（笹沢左保／「見えない宝石」）

(1)～(3)はそれぞれ、「ボール」「タオル」「タバコ」を「投げて」おり、「物体を投げる」という具体的な動作を表していると言えます（タバコの投げ捨てはやめましょう）。

ところが、次の例はどうでしょう？

(4)　やがてサイカルばあさんは非常に立腹して、家から出てきました。そして、私に怒ったような、隣れむような一べつを投げると、そのままものも言わずに立ち去っていきました。

（チンギス・アイトマートフ（著）、赤沼弘（訳）／「最初の教師・母なる大地」）

(5)　彼は髪の毛をかき上げると、率直な視線を目の前にいる寂しい孤独な老婆に投げた。　（小池真理子／「蠍のいる森」）

(4)(5)の「投げる」の目的語（「～を」に当たる語）を見てください。それぞれ「一べつ(一瞥)」「視線」ですね。ここでの「(一べつを／視線を)投げる」は大まかには「見る」を意味していると考えられます。つまり、(1)～(3)の目的語である「ボール」「タオル」「タバコ」に見られたような物体の移動は(4)(5)には存在しないのです。ここに、フランス語のlancerに見られた、対象物の位置変化を表さない用法との類似性が見て取れるのはお分かりでしょうか。よって、日本語にもフランス語ほどではないのかもしれませんが、似たような現象が見られることが確認できたことになります。

と、以上で「そっかー、日本語にもフランス語と似た面があるんだねー。めでたし、めでたし」と終わっても良いのですが、ここまで書いてきたふりかえりの内容と関連して、もう1つ触れておきたい問題があります。それは、「日本語からのふりかえり❸」の内容と関係している問題です。最後にこの点に触れて終わることにしましょう。

そこでは、表現の形が異なれば、意味も異なるといった趣旨のお話をしたのを覚えているでしょうか。これを踏まえると、(4)(5)の「投げる」はそれぞれ、「見る」という意味だという説明だけでは不十分だということになります。だって、「投げる」と「見る」は形がまったく異なるのですから。そもそも、まったく同じ意味なのでしたら、(4)(5)の状況にわざわざ「投げる」という動詞を当てはめずとも「見る」を使えば良いはずです。ここに何か「投げる」を使いたくなるような動機が隠されているはずなのです。その点について、最後に簡単に考えてみたいと思います(「簡単にではなくて、もっと深く考えたい」というあなたは、大学院でお待ちしています)。

まずは、(4)(5)の文を構成している語句に注目してみましょう。それぞれ(「投げる」ではなく)「見る」を使う場合には存在しない、ある特徴が存在するのですが、分かりますか?ヒントは「助詞に注目」です。自分で考えたい人は、ここで読むのを止めて考えてください。

お分かりでしょうか。答えは「(名詞+)助詞『に』」の存在です。

(4') やがてサイカルばあさんは非常に立腹して、家から出てきました。そして、私に怒ったような、隣れむような一べつを投げると、そのままものも言わずに立ち去っていきました。

(5') 彼は髪の毛をかき上げると、率直な視線を目の前にいる寂しい孤独な老婆に投げた。

この「名詞+に」は「見る」を使う場合には存在しません(「漫才を見る」とは言っても「漫才に見る」や「彼に漫才を見る」とは言いませんよね)。そして、動詞「投げる」と共に用いられる「名詞+に」は、「投げる相手」を意味します(例:キャッチャーにボールを投げる)。このことから、(4)(5)のように具体物の移動を表さない「投げる」であっても、具体的な移動物は存在しないものの、やはり「何か」を相手に向けるイメージを話者は持っていると考えられます。ではその「何か」とは何でしょう。それは「視線（一べつ）」以外考えられません。つまり、(4)(5)の場合、単に「見る」だけではなく、視線を相手に向けるという意味をより前面に出していると考えることができるわけです。これが、「投げる」を用いる動機であり、「見る」と「(視線を／一べつを)投げる」の違いだと言えます。

このように、「投げる」の具体的な移動が感じられない用法には、「見る」と似た働きのものも存在します。しかしそれでも、厳密には「見る」とは意味が多少異なり、「投げる【非移動】」なりの働きをしているのです。そして、フランス語ほどではないにせよ、日本語には「投げる」以外にも、「動きを表すはずの動詞が動きには見えない事態を表す」現象は存在し、それは（ここで見た「投げる」と「見る」の関係のように）他の動詞に意味的に似ていることが多いです。しかしそこでも、形が異なるからには意味的な違いも存在するはずです。こうした点に注意しながら日常の言葉に注目してみるのも面白いものですよ。

第12章

Paul-Marieは男? 女?

右に展開するフランス語

はじめに

英語やフランス語ではどうして名字と名前の順が日本語と逆になっているのか考えたことがあるでしょうか。名前だけでなく、住所の書き方も逆ですね。これは単に文化や習慣の違いというのではなく、実はそれぞれの言葉の性格によるものなのです。フランス語では形容詞は原則として名詞の後ろに置かれます。これは先ず名詞を言って、それに形容詞を付けることでその名詞をさらに限定してその名詞が意味する範囲をせばめていくということです。関係代名詞によって導かれる関係節も名詞の後ろに付きます。関係節は形容詞節と呼ばれますが、いわば文の形をした形容詞と思えばいいでしょう。形容詞的に用いられた現在分詞や過去分詞も名詞の後ろに付きます。一方日本語では形容詞でも関係節的な内容でも名詞の前に置かれます。結局、日本語もフランス語も名前や住所でも同じことをしているわけです。

この章ではこのように限定する要素を後ろに持ってきて、いわば右に展開していくフランス語の性格に関連することを見ていくことにします。この性格は名詞の限定だけでなく、ひいては文と文の関係にまでおよんでいくことになります。

名詞の限定について

それでは先ず名詞の限定のシステムから見ていきましょう。既に述べたように、フランス語では形容詞は名詞の後ろに置かれて名詞が指す範囲を限定します。たとえばune pomme「りんご」と言った段階ではpomme「りんご」と呼べるものならどれでも指すことができます。そこへ何か形容詞を付けてたとえばune pomme verteと言えばりんごの中でも「青いりんご」と指す範囲がせばります。つまりそれだけ限定されるのです。la pomme verte que j'ai achetée hier「私が昨日買った青いりんご」と言えばさらに範囲がせばまります。冠詞が定冠詞に変わるのは範囲がせばまってどれと指せるようになったことの現われです。これは次のように理論上はいくらでも続けていくことができます。

（1）　Voilà la pomme verte que j'ai achetée hier au supermarché du quartier qui vient de s'ouvrir...
（Here's the green apple which I bought yesterday at the local supermarket that has recently opened... ）
「ほら、ここに最近開店した近所のスーパーで買った青いりんごがあるよ」

関係代名詞に導かれる関係節は上で述べたように文の形をした長い形容詞と考えると分かりやすいと思います。英語は形容詞は名詞の前に置きますが、形容詞と同じ働きをする長い要素は名詞の後ろに置くという点で、ちょっと一貫性に欠ける言葉なのです。

さて、名前のことを考えてみましょう。たとえばBanessaだけでは同じ名前の人が無数にいるでしょうが、そこへParadisと付ければParadisという名字を持ったBanessaと限定されて候補は少なくなります。住所の場合も同じです。33（番地）だけではほとんどの通りにある番地ですが、そこへrue de Zurich [zyrik]と付けるとチューリッヒ通りの33番地に限定されます。でもフランスのいくつかの町にチューリッヒ通りはあるでしょう。そこでさらにStrasbourgと付け加えると（そしてフランスとくれば）もうその住所は一カ所に決まってしまうのです。

ところで現代フランス語には名詞二つでできた複合語がたくさんあります。英語では名詞を二つ並べて前の名詞が形容詞的に後ろの名詞を修飾限定するというのはありふれた構造ですが、フランス語では名前の場合と違って、基本的には後ろの名詞が前の名詞を修飾限定するためには二つの名詞の関係を明示する前置詞が必要です。名詞二つを並べた複合語は無かったわけではありませんが、20世紀も後半になってこのタイプの複合語が一気に増えてきました。少し例を見てみましょう。英語は各単語の直訳です。

(2) paquet-cadeau (package-present)「プレゼント包装」
assurance-vie (assurance-life)「生命保険」
wagon-lit (wagon-bed)「寝台車」
sandwich jambon (sandwich-ham)「ハムサンド」
café crème (coffee milk)「カフェオレ」
allocation-chômage (benefit-unemployment)「失業手当」
papier-bulle (paper-bubble)「気泡緩衝材(いわゆる梱包用のプチプチ)」
dessert maison (dessert house)「自家製デザート」

いずれも前の語の意味を、後ろの語がさらに限定していくという構造になっています。慣用的になっている場合はハイフンが付きますが、maison「自家製の」のように応用がきく生産的なものにはハイフンは付きません。いずれにしろ一部にはハイフンの使用に揺れがあります。上に挙げた例について、後ろの語を変えてassurance-maladieとすれば保険は保険でも「疾病保険」に、wagon [vagɔ̃]-restaurantとすれば「食堂車」に、sandwich pouletとくればこれは「チキンサンド」になります。sandwich jambonは本来はsandwich au jambonと言いますが日常的にはauを省略した形が用いられています。sandwich jambon fromage「ハムチーズサンド」と名詞を二つ並べることもあります。因みにフランスのサンドイッチは食パンではなくフランスパンのサンドイッチです。café crème はcafé au laitの別の言い方ですが、この場合は前置詞を用いず直接crèmeを付けます。

allocationもallocation familiale「家族手当」の時はfamiliale「家族の」と形容

詞が用いられます。maison「家」という語は主として飲食店で「自家製の」という意味でよく使われています。本来はdessert fait à la maison（dessert made at the house）「自分のところで作られたデザート」という構造が省略されたものだったのですが、広く使われることでmaisonは今では辞書に「自家製の、自社製の」という意味の形容詞としても載っています。ただし性数に関しては無変化です。元々は名詞として前の名詞を修飾限定していたものですが、頻度が高くなって使用範囲が広がることで辞書でも形容詞と認定されるようになったと考えられます。ここにも言葉の連続性が現われています。

◎── フランス語は右展開の言葉

ここまでは形容詞や形容詞句が名詞の後ろに来ることや、あるいは名詞が連続した場合は後ろの名詞が前の名詞を限定するという比較的分かりやすいものでした。しかし、このような右への展開は語と語の間の関係だけでなく、句と句や文と文の間の関係にまで広がっていきます。またその関係も単に修飾、限定の関係だけでなく、説明、結果、帰結、付加などいろいろな場合があります。

他のタイプの右展開の例を見る前に前節で見たような関係について少し補足しておきます。右へ展開していくと言われても形容詞が後ろから前の名詞を修飾しているような場合には、日本語の訳からどうしても「前に戻る」ような印象を受けるでしょう。でもその印象は本当は正しくありません。pomme verteとあれば先ずpommeで「りんご」と理解し、次にverteのところでりんごはりんごであっても「青いりんご」と理解するのです。関係節の場合にはこの関係は一層はっきりしてきます。(1) のようにVoilà la pomme verte que j'ai achetée hier... とあれば、「ここに青いりんごがあるけど、これは私が昨日買ったもので…」というように理解していくべきものなのです。少なくともこの文を発するフランス人の頭の中ではこのような積み上げが行なわれて文が出来上がっていくのです。先行詞に付いた定冠詞は、このあとに限定する表現が来ますよという印だと言ってもいいでしょう。

日本語の性質上、形容詞の場合は戻って訳すしかないのですが、関係節の場合はできるだけ左から右への流れに沿った訳を心がけると、フランス語の右展開に慣れていくことができるでしょう。

さて、左から右へと展開していきながら前の部分を補足・限定していくという現象を理解する際に、初級段階の日本語話者が意外とつまずくのが同格句の解釈です。同格句というのは同じことや物、あるいは人のことを違う表現で言い換えることによって情報をさらに補足して説明を加える役割を果たしています。ですからこれは形容詞や関係節による限定と本質的には同じですが、よりコンパクトな形になっているのです。そして基本的には名詞句の形を取り、情報を付け加える対象との間につなぎの言葉がありません。例を見てみましょう。

(3)　Paris, la capitale, Marseille et Lyon sont les trois plus grandes villes françaises.
(Paris, the capital, Marseille and Lyon are the three largest cities of France.)
「首都であるパリ、マルセイユ、そしてリヨンはフランスの3大都市である」

この例の同格句は、先ずパリと言って、そしてそれが首都であることを補足・説明しているのです。パリがフランスの首都であることは常識ですし、都市の数は3と言っているので、la capitaleがParisの同格句であることを間違うことはないかと思います。では次の文はどうでしょう。

(4)　Sirap, la capitale, Elliesram et Noyl sont les principales villes de Ecnarf.
(Sirap, the capital, Elliesram and Noyl are the principal cities of Ecnarf.)
「首都であるシラップ、エリエスラムそしてノイルはエクナルフの主要な町である」

このように知らない国の知らない町の名が並ぶと（(4) に出てきた町の綴りをひっくり返しただけですが)、必ず「シラップ、首都、エリエスラムそしてノイルはエクナルフの主要な町です」のように同格句をその前の部分と関係づけることなく、独立させて誤訳をする人がたくさんいるはずです。

このようにフランス語では、次々と右に限定や修飾をする要素を付けていくことでより詳細な情報を相手につたえるのです。日本語の場合はその部分が名詞の前に来ることになります。名前や住所ぐらいなら前に来てもあまり違いはありませんが、付け加える情報が多い時にはフランス語は文を切らずにどんどん付け加えていくことができるので、日本語よりも文を作りやすいと言えるでしょう。これは話す時にはことに便利です。問題となっている中心的な単語、つまり話題を先ずは示した上で、それから付け加えていく情報を考えることができます。日本語の場合はある程度言うことを決めてからでないと文を始めることができません。日本語ではしゃべっている途中で文の構造が変わってしまうことがよくあるのも、このような制約の存在が関係しています。

書く時でも日本語の場合は名詞の前にあまり長く限定や修飾する情報を付けていくと中心となる単語、ひいては文の意図がなかなか見えてきません。長いフランス語の文を訳すとややもするとそのような日本語になりがちです。フランス語の文が長い時には、日本語に訳す場合はどこかで適当に切る必要があります。

◎── 文と文の間の関係

後ろから前の言葉をより詳しく限定していくというのは、名詞と形容詞や関係節の場合だけではありません。文の基本的な構造にも同じことが言えます。

(5) J'ai acheté un ordi dernier cri pour ma mère.
(I bought a latest computer for my mother.)
「私は最新型のコンピュータを母に買ってあげた」

先ずordiはordinateurの略で「コンピュータ」の日常的な言い方です。dernier criは「最新型」という複合名詞ですので、前に見た名詞(句)が後ろから前の名詞コンピュータを修飾する構造です。さて、日本語でもフランス語でも、文の出発点である主語が一番最初に来ることは変わりません。でもフランス語は文のかなめである動詞が次に来て先ず「誰が何をしたか」という文の核になる部分が述べられます。つまり、j'ai achetéの部分はこれはこれで一つのまとまった情報を述べています。そして次に「何を買ったのか」、あるいは場合によっては「いつ/どこで買ったのか」、「何(誰)のために買ったのか」という具合にその中身をさらに詳しく述べていくわけです。このようにフランス語においては文の組み立てにおいても常に前に出た語句をその後ろにくる語句が補足・限定・修飾するという形で展開していくことが分かります。いわば積み重ねの構造です。フランス語が論理的な言葉だと言われる理由の一つがこのような構造にあるのかもしれません。一方、日本語では主語である「誰が」を含んで、「何を」「いつ」「どこで」「何のために」といったすべての情報が、最後に来る動詞「何をしたか」に向かっていわばばらばらに出てくるのです。そして最後の動詞のところでまとまった情報として一つに収斂するのです。フランス語や英語に比べて日本語では主語の位置が相対的に低いのも、動詞に向かって加えられるいろいろな情報の一つに過ぎないような構造になっているからです。

フランス語（積み重ねの構造）Zは補足・限定・修飾する要素（パーツの順不同）

XがYする ← Z_1何を ← Z_2いつ ← Z_3どこで ← Z_4何のために …

コア（主語＋動詞）　パーツ　パーツ　パーツ　パーツ

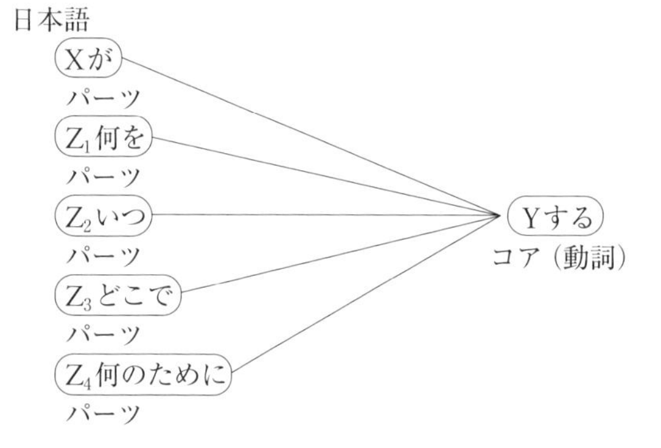

ここで念のために言っておきますが、フランス語と日本語の文の組み立て方のどちらが優れているとかを言っているのではありません。単にタイプの違いを述べているだけです。フランス語の方がより論理的であるとか情報的により効率が高いとか言っているわけではありません。フランス語の場合は先ずコアがあって、それにパーツが次々と付け加わって完成に向かっていくのに対して、日本語ではパーツがそれぞれ現われて最後にコアが出てきて一度に合体して完成するというイメージでしょうか。

この文の内部にある左から右への展開が、実は文と文との関係にも拡大されます。フランス語では文と文との関係を明示する接続詞やそれに類するつなぎの言葉がなくとも、二つ目の文がその前の文の結果や理由、あるいは説明や補足、例示であったりして、日本語に訳す時には接続表現を補わなければ関係がはっきりしないことがよくあります。

(6) Sur le plan de l'accueil des investissements étrangers, la France se situe au troisième rang mondial. Les investisseurs apprécient la qualité de la main-d'œuvre française et la stabilité de la monnaie. L'inflation est très faible.
(As for receiving foreign investiments, France is situated at the third ranking in the world. The investors appreciate the quality of the workforce and the stability of the currency. The inflation rate remains very low.)
「外国からの投資の受入れについてはフランスは世界第3位である。(というのも) 投資家達はフランスの労働力の質の高さと通貨の安定性を高く評価している**のである**。(またフランスでは) インフレ**も**とても小さい。」

(6) は三つの文からなっていますが、先ず最初の文でフランスの投資の受け入れについて述べ、二つ目と三つ目の文はその理由・説明になっています。しかし二つ目と三つ目の文を最初の文につなぐ接続表現はありません。このような時にフランス語に慣れていない日本語話者は三つの文をばらばらに訳してしまいがちです。ここでも、右にある要素 (ここでは文) は左にある要素 (文) の説明・補足・理由付けなどを表わし、全体として左から右への展開構造を構成しているのが一般的であることが理解できていれば三つの文の関係が見えてくるので、日本語に訳す時にはかっこに入れたようなつなぎの表現、あるいは少なくとも太字にしたような表現をある程度補う必要があることが理解できるはずです。たとえば三つ目の文の主語に「インフレも」と「も」を付けたのは、この文がその前の文に続いてさらに説明を付け加えているからです。

いくつかの文で構成されたパラグラフは、最初の方に中心となることが出てきて、それにいろいろな情報を付け加えていくという形で続いていくことが多いのです。一つの文の場合とその根本的な構成原理は同じなのです。

◎── まとめ

この章では名前と住所の書き方の順番の違いから話を始めて、フランス語が右展開の言葉であり、後ろから前の表現を修飾、補足、限定、説明していくのだということを見ました。同格句や名詞が名詞を限定・修飾する場合などもこの構造にのっとっていることが理解できれば分かりやすくなります。またこの右展開という構造は文と文のつながり方にも反映されているということも見ました。

前に単語に関してフランス語が日本語よりもコンパクトであることを見ましたが、この章で見たように接続表現がないことでフランス語は文のレベルでもよりコンパクトに表現することができるのです。フランス語ではこのように文の順番そのものが関係を構成しているのに対して、日本語ではできるだけその関係を言葉で表現してやらなければいけないのです。言い換えれば、日本語と比べるとフランス語では文の要素の間により緊張関係があるだけでなく、実は文と文との関係においても日本語よりも緊密な関係があり、文と文とが緊張感を持ってつながっているのです。

考えよう

ここでは、本文にも登場した名詞の限定の仕方に注目します。日本語はフランス語とは反対に、修飾される名詞が後ろに来ることになります。このことから、日本語では名詞を利用した文末の表現がいくつか見られるのです。

(1) これは、父がとても大切にしているものです。
(2) あのくらいの年齢の子は、人見知りをするものです。
(3) あの頃は、毎日のようにケーキを食べたものです。
(4) こういう場所では、静かにするものです。

さて、この「ものです」にはそれぞれどういった違いが感じられますか？

考えてみましょう。また、似たような状況を表すのに、外国語ではどういった表現を用いるでしょうか。調べてみましょう（あるいは、外国語母語話者の方に聞いてみましょう）。

コラム 8 フランス人の名前

本章では後ろから名詞を限定するフランス語の特徴を紹介しましたが、この右展開のルールは人の名前にも当てはまります。たとえばJean-PierreとかJean-Claudeのようにフランス人の名前の中には二つの名前がハイフンで結ばれた形式のものがよくあります。（ハイフンのあとのPierreやClaudeはミドルネームではなくファーストネームの一部です。）これらはいずれも男性の名前です。一方、Marie-Claireはフランスの女性の典型的な名前として、有名な女性雑誌のタイトルにもなっています。

それでは男性の名前と女性の名前を結んだ次の名前は男性、女性のどちらでしょう。

（1） Marie-Paul, Paul-Marie, Pierre-Marie, Marie-Pierre

ここでも中心は前の名前で、それに後ろの名前を付けることで範囲がせばめられていきます。前にMarieとあればこれは女性の名前で、そこにPaulやPierreが付いて他のMarieと区別されるのです。逆に前にPaulやPierreとあればもちろん男性の名前です。

現代フランス語ではdeなどの前置詞なしで名詞を二つ並べて複合語を作ることがよくあります。その際も、どちらの名詞が中心かという点については迷う恐れはありません。推理小説のタイトルにL'homme fourmiというのがありました。homme「人間」とfourmi「アリ」が並んでいます。これはやはり「人」のことであって、「アリ」のことではありません。さしずめ「アリ（のような）人間」と訳せるでしょう。因みにスパイダーマンもフランス語ではl'homme araignée（人間＋クモ）となります。アリ人間もクモ人間も、これらの話を知らない人には一時的な組み合わせであり、何のことかすぐにはぴんとこないかもしれませんね。

まとめ

第1部では単語にまつわる話を、第2部では述語や文の形、そして最終的には文と文のつながりについてフランス語が持つ特徴、つまりフランス語的な発想について、日本語との比較を交えながらお話ししてきました。もちろんフランス語的な発想が見られる現象はこの本で扱ったものだけではありませんが、フランス語という言葉がどんな言葉であるかという一つのイメージができたのではないでしょうか。同時に本文内でのフランス語との比較や「日本語からのふりかえり」を読まれて、日本語についても改めていろいろなことに気付かれたのではないでしょうか。

どのような言葉であれそれぞれの発想は違っていても、いずれも人間であれば理解できるような発想法なのです。ただそれぞれの発想法の違いをうまく説明するにはちょっとした道具があると便利です。それがたとえば第1部で用いた直喩的命名や隠喩的命名、あるいはスキーマのような概念であり、また典型的・周辺的といった捉え方なのです。この本は認知的と形容される言語研究の立場にたって書かれています。この本では命名の章を中心としていろいろなところで直喩、隠喩、メトニミーなど比喩の話が出てきましたが、日常言語における比喩の働きを重視するのも認知言語学の考え方の一つです。このような言葉の研究に興味を持たれた方は認知言語学の入門書や概説書を読まれるといいでしょう。

この本では各章にトピックを設定してお話ししましたが、あるところで出てきた特徴が別の章でも言及されていたりして、いろいろな特徴が互いにつながっているような印象を持たなかったでしょうか。世界にはたくさんの言葉があるわけですが、それらの言葉は様々な観点から大きくタイプ分けすることができます。たとえば英語やフランス語のように他動詞が好きな言葉、日本語のようにむしろ事態を自然に起こったかのように述べるのを好む言葉、名詞表現を好む言葉、述語表現を好む言葉といったぐあいです。そしてそのような様々な観点からのタイプ分けは互いに密接に関係し合っていることが多いのです。

このような問題を研究する分野は類型論と呼ばれます。

ただ、一つの言葉の中に相反する傾向が存在していることもあります。フランス語が他動詞構文を好みながらも、一方で主体（主語）からの働きかけを背景化して事態を一つのまとまりとして表わそうという傾向も特に話し言葉では強いのです。日本語は話題優先言語と言われます。先ず話題となることを「は」で導入して文を作ることが多いのです。有名な「僕はうなぎだ」のような文です。これに対してフランス語の書き言葉は主語優先言語なのですが、実はフランス語でも話し言葉では、先ず話題を先に言ってから文を作ることが多く、少なくともフランス語の話し言葉は話題優先言語と言ってもいいかもしれません。

この本ではフランス語と日本語の違いを対照的にお話しするとともに、表現する手段は違っていてもその後ろにある発想法ではフランス語と日本語に共通するところもあることを伝えようとしたつもりです。

まえがきにも書きましたように、自分が学んでいる言葉の仕組みに慣れてくると、その後ろには人間がこの世界をどう認識してどのように伝えようとしているのかというそれぞれの言葉の発想法が見えてきます。そして自分の母語ではこうなのにこの言葉はそうなのかとか、意外と自分の母語と似ているじゃないかとか考えながら学習していくとどんどん面白くなってきます。そして他の言葉ではどうなのかと、言葉に対する興味もさらに湧いてきます。この本が少しでも言葉の面白さを伝えることができたのなら、著者一同こんなに嬉しいことはありません。

フランス語の知識を深めましょう

ここでは本文に載せきれなかった追加の用例を紹介していきます。また少し難しい例や現象にも言及しています。フランス語を学んでいる人、研究しようと思っている人は本文の用例とともに参考にしてください。なお、本文と比べると説明は多少とも簡略化しています。

第1章関連

動詞や名詞の多義語をもう少し補っておきます。

動詞の例

フランス語学習の初級段階でpartirと混同しがちなのがsortirという動詞です。sortirのいろいろな意味に共通の意味は「いる／ある場所から外に出る」のようなものです(レベル1)。人を主語に取ると「家などから外に出る」「外出する」「遊びに行く」「(学校などについて) ～の出身である」のような意味になり、主語が人以外の場合には「(本が) 出版される」「(映画が) 封切られる」といった意味にもなります。外に出るということは姿を現わすということですから、出版や封切りにつながるわけです。

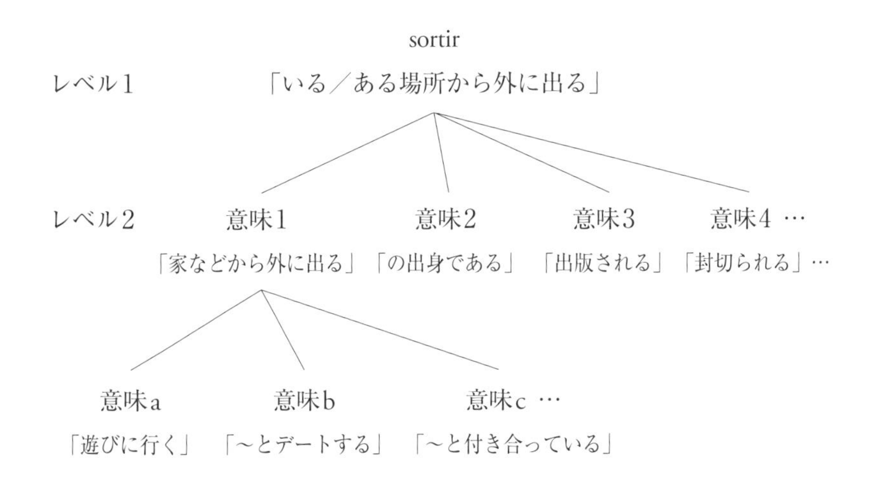

Je sors ce soir.（I go out this evening.）「今夜は出かけるんだ」のような例は単に外に出るだけではなく、映画を見に行くとか誰かと食事に行くなど、何か目的を持って出かける、それもどちらかというと遊びに行く感じです。ですから「遊びに行く」と訳していい場合もあります。恋人と遊びに行くのなら「デートに行く」となり、そこからさらに時間を限定せずに次例のように現在形を用いると「付き合っている」のような意味にもなります。

Raphaël sort avec Lina.（Raphael goes out with Lina.）

「ラファエルはリナと付き合っている」

これらの意味は「家などから外に出る」というレベル2の意味の一つが新たな出発点になってその意味がもう一つ次のレベルでさらに具体化、精緻化されたものと言えます。

名詞の例

旅行先でホテルに行って「部屋はありますか」と聞く時は、chambre「部屋」という語を使います（chambreというのはその人が夜になるとそこで寝る個人用の部屋のことです）。一方、不動産屋が間取りを説明する時は、pièce「部屋」という語を使います。この語には「部分」や「部品」という意味もあります。どうして部屋と部品という意味がつながるのかと言えば、いずれも建物や機器などの全体の一部だからです。

また、一つ一つの劇作品や音楽作品のこともpièceと言います。ある楽曲の楽譜もpièceです（日本語でも英語起源の外来語でピースと言いますね）。セットになった衣服の一部もpièceなので、女性のビキニの水着はmaillot de bain deux pièce「水着＋二つの部分」、男性の三つ揃いのスーツはcostume trois pièces「スーツ＋三つの部分」となります。また、deux pièces de gâteau au chocolat「チョコレートケーキ二つ」やpièce de 2 euros「2ユーロ硬貨」、pièce d'identité「身分証明書」、pièce jointe「添付文書」のようにも使われます。これらの例から分かるのは、全体の一部、カテゴリーの1例、一つの実例、一つのまとまりというように意味が広がっているということです。劇作品や音楽作品などは明示的にpièce de théâtre、pièce de musiqueと言ってもいいのですが、状況からその意味が明らかな場合は限定表現を省略して単にpièceと言います。

第２章関連

フランス語の隠喩的な名付けの例を補足しておきます。

童話の例

童話のタイトルの例をいくつか挙げておきます。どれも隠喩的な命名です。日本語訳は直喩的なタイトルです。

Le petit Poucet　直訳「小さな親指」⇒『親指小僧』

［petit「小さな」＋Poucet「親指」を意味するpouceに縮小辞が付いた形］

La petite Poucette　直訳「小さな親指」⇒『親指姫』（アンデルセン童話）

［『親指小僧』のフランス語の単語をすべて女性形にしたもの］

小さな子が活躍する昔話は、日本にも「親指太郎」があり、英語圏にもTom thumb「親指トム」という話があります。これらはどちらも直喩的命名です。ちなみにSans famille（欠如を表わす前置詞sans＋famille「家族」、直訳「家族無し」）『家なき子』というお話がありますが、これは比喩的ではないものの人であることを表わす要素がありません。このお話から作られた日本のアニメがフランスで放映された時にはRémi sans famille『家なき子レミ』とタイトルは直喩的な形式に準ずるBA型になっていました。

人名の例

ルイ・パスツールLouis Pasteurは、狂犬病のワクチンを開発したことで知られています。パリにはパスツール研究所Institut Pasteurという世界的に有名な研究機関があります。パスツールはまた低温殺菌法を開発した人でもあり、彼の名前から動詞pasteuriser「低温殺菌する」や名詞pasteurisation「低温殺菌法」という言葉が作られています（英語経由で日本語にもパスチャライゼーションという外来語が存在します）。これらは日本語の感覚からすると、人名をそのまま動詞化してさらに名詞化するというあまりに直接的な造語法に思えます。もし名前を入れて日本語で言うなら「パスツール式低温殺菌法」とAB型構造になるところでしょう。

第３章関連

動物名と道具名と比喩についてもう少し補っておきます。

フランス語　動物名　⇔　道具名

道具に動物名を当てる例に、英語のマウスを仏訳したsouris（「ハツカネズミ」の意味）があります。日本語では「マウス」とそのまま外来語で取り入れていますが、直訳の「ネズミ」は無理だったのでしょうね。日本人にとってカタカナのマウスはハツカネズミとの結びつきは薄く、比喩とは関係のない単なるレッテル的な名前になります。やはりコンピュータに関連して、本文でも触れましたが悪意のあるプログラムはフランス語でもvirus「ウイルス」と言います。やはり隠喩的命名ですね。日本語でもウイルスですが、マウスと違ってこれは日本語でも病原体のウイルスに結びつくので、隠喩的命名になります。そのせいか、私は少なくとも最初の間はウイルスという呼び方に違和感を覚えました。

動物名に道具を当てる例には「ノコギリエイ」があります。これはエイの一種です。この魚はフランス語ではscieと呼ばれますが、この語は文字通り「鋸（のこぎり）」を意味します。鋸状の長い吻を持っているところからです。魚poissonという語と組み合わせて直喩的なpoisson-scieという形もありますが、日本語話者にはこちらの方がやはり落ち着きますね。ちなみに「ノコギリザメ」は鮫requinと鋸scieを組み合わせて直喩的にrequin-scieと呼びます。

第４章関連

フランス語の語彙の多層性についての例をさらにいくつか補っておきます。最初に挙げてあるのが教科書に出てくる規範的な表現です。

名詞の例

ami(e)「友達」：日常的に一番耳にするのはcopain、copineでしょう（女性形は-eを付けるだけでなく母音も変わります）。ami(e)と同様に使い方によっては「恋人」の意味にもなります。はっきりと恋人と言いたい時は形容詞petit(e)を付けてun(e) petit(e) ami(e)とか、un petit copainのように言います。またcamaradeという語は、un(e) camarade de classe「クラスメート」のように何かの活動を一緒にしている友達、仲間というニュアンスがあります(camaradeは語そのものの性は決まっていなくて、適用される人の性にあわせた性で用いられる共性名詞です)。さらにくだけた語としてはpoteがあります。以下は1980年代に設立されたSOSラシスムという人種差別に反対するグループのスローガンです。

Touche pas à mon pote ! (Hands off my pal!)

「僕の友達に手を出すな」

amiやcopainではなく、よりくだけた語であるpoteを使うことでこのスローガンがより身近に感じられたのだと思われます。またpoteは男性名詞なので、女性形のあるamiやcopainと違って女性に使われる場合も形が変わらず、男女に関係なく友達を問題にできるのでスローガンに使いやすかったのかもしれません。

agent de police「警官」: policierという、どちらかというと日本語の「刑事」に近い表現もありますが、口語で一番よく使われるのはflicです。これは広く「刑事」も含めて使うことができます。辞書ではflicに「警官」以外に「おまわり、ポリ公、デカ」などの訳が挙げられていることがありますが、これらの日本語がテレビドラマ以外にどれほど使われているのか疑問ですし、またこれらの日本語にはネガティブなニュアンスがあります。これに対してflicは、犯罪者だけでなく普通の人が使う言葉です。テロがあった後など、町中に警官の姿が増えますが、そんな時

Il y a des flics partout ! (There's cops everywhere!) 「そこら中に警官がいるよ」

と女性が言っても全く自然です。つまりflicは「ポリ公」ではなく「警官」なのです。

動詞の例

partir「立ち去る」(第2章参照): 話し言葉ではse casser、se barrerという再帰動詞が使われます。大学で知り合いがやめるという話をしているとフランス人の同僚がElle va se casser aussi.「彼女もやめるのか」と言ったのをよく覚えています。

se dépêcher / se presser (再帰動詞)「急ぐ」: 手紙などで「急いでお返事差し

上げますが」というような場合に使うややあらたまった表現としてはse hâterがあります。「急ぐ」を意味する話し言葉的な動詞としては（se）grouiller、se manier、se magnerなどが用いられます。grouillerは自動詞または再帰形で「急ぐ」の意味で用いられます。se magner はse manierの発音と綴りが一部変化したバリエーションです。この二つの動詞はMagne-toi !、Manie-toi !「急げ」のように主として命令形で用いられます。（se）grouillerにはそういう制限はないようですが、やはり命令形の例をよく見ます。

se promener「散歩する」：その昔携帯型音楽プレイヤーの「ウォークマン」がフランスでもはやりました。この和製英語はフランス語では一般名詞walkman[wɔkman]となりました。フランスには外国語をできるだけフランス語に置き換えることを推奨する国の委員会があります。そこではwalkmanに対してbaladeurという語が提案されましたが、定着することなくwalkmanの時代は終わってしまいました。このbaladeurはbalader「散歩させる、持ち歩く」という動詞の派生名詞です。この動詞の再帰形se balader「散歩する」は教科書で習うse promenerに対する会話的な表現として用いられます。

voler「盗む」：日常語ではchoper、chiper、chaparder、piquer、barboter、faucher、étoufferなどがよく使われます。例えばchaparderを辞書で引くと「かっぱらう、盗む」とありますが、普通は単に「盗む」の意味で使われます。choperは若者の間ではこの動詞の過去分詞chopéの前後の音節をひっくり返してpéchoという無変化の形でも使われます。これは第5章で見た逆さ言葉の例になります。

第 5 章 関 連

省略語と逆さ言葉の例を補足しておきます。

省略語の例

「じゃがいも」は「大地」terreの「りんご」pommeでpomme de terreと言います。フランス語らしい分析的な表現ですが長ったらしいですね。そこでりんごではなくじゃがいもと分かる場合は単にpommeと言います。「フライドポテト」はpomme friteと省略され、さらには単にfriteと言うようになりました。

元は「揚げた」という過去分詞だったものが、今では「フライドポテト」という意味の名詞として用いられています。ついでながら、「じゃがいも」は日常的にはpatateと言うことも多いのですが、フライドポテトの意味ではpomme friteのようにpommeが使われます。英語potatoも語源は同じですが、patateは本来は「サツマイモ」を指す言葉だったようです。じゃがいもと区別するためにサツマイモの意味ではpatate douceと「甘い」を意味する形容詞を付けて言うのが一般的です。最近はpatate douce friteあるいはfrite de patate douceというサツマイモのフライドポテトの付け合わせも時々メニューで目にします。

2語以上で構成された表現の省略形も存在します。たとえばpetit déjeuner「朝ご飯」はpetit déjという省略形をよく耳にします。こちらは複合語ですがaprès-midi「午後」もよくaprèmと省略した形が使われます。暫くしたらまた顔を合わせることが分かっている時に言うà tout à l'heure「また後で」という表現がありますが、これもよくà toute [atut] と言います。最近はà tout de suite「またすぐに」の省略形として用いられることもあるようです。

逆さ言葉

「フランス人」français → céfran; 「ユダヤ人」juif → feuj → jeuf

「中国人」chinois → noich

「車」bagnole → gnolba; 「地下鉄」métro → tromé, trom

「パーティー」fête → teuf; 「ピストル」calibre → brelica

「奇妙な」bizarre → zarbi; 「気の狂った、すごい」fou → ouf

「変な」louche → chelou; 「いらいらした」énervé → vénère

「馬鹿な」bête → teubé; 「投げる、捨てる」jeter → tèj

「こんな風に」comme ça → ça comme, sakom

「何でも、むちゃくちゃなこと」n'importe quoi → portnawak, portnaouak, nawak

「裸で」à poil → à oilpé, à walpé, à oualpé

フランス語では名詞の意味に動詞が隠れていることが多いことを見ました。名詞から動詞を引き出すことをもう少し難しい例で練習してみましょう。

(1) Le goût de la Cour pour le spectacle a favorisé l'épanouissement du théâtre.
(The liking of the Court for the spectacle encouraged the development of the theater.)
「宮廷の人々がショー的な娯楽を好んだおかげで演劇が盛んになった」

この文の主語「le goût de la Cour pour le spectacle」の中心的な名詞はgoût「好み」です。関係する動詞はgoûter「味わう、好む」になります。中心であるgoûtを動詞的に理解すると、Cour「宮廷(の人々)」が主語、spectacle「ショー」が目的語の役割を果たしていることが分かります。そこから「宮廷の人々がショー的な娯楽を好んだ」というように意味をほぐすことができます。

後半のépanouissementですが、元の動詞s'épanouir「開花する／発展する」(ここでは再帰形です)から、「演劇の発展」→「演劇が盛んになること」と解釈することができれば、上の日本語訳につながるでしょう。動詞favoriser「～を促進する、～に有利に作用する」は日本語訳では「のおかげで」という部分に反映されています。

(2)の例は「フランスの対外政策の基本は以下に記すようなものだ」という文の後に列挙されている名詞句の一つです。

(2) le rayonnement de la langue et de la culture françaises grâce à un réseau d'institutions culturelles
(the expansion of the French language and culture thanks to a network of cultural institutions)
「文化的な組織のネットワークを通してフランス語とフランスの文化を(世界に)広めること」

名詞句の中心はrayonnementです。対応する動詞はrayonner「光を放つ、輝く」

です。ある中心から何かが四方八方に向かって広がっていくというイメージです。つまり、星や光の「放射、輝き」のイメージがこの名詞のスキーマなのです。ただここはフランスの対外施策の一つを述べているので、フランスが国として行なうことに対応した解釈、つまり他動詞的な解釈が必要です。そこから「何かを広めること」という解釈が得られたら、「文化的な組織のネットワークを通してフランス語とフランスの文化を（世界に）広めること」のような訳にたどり着けます。

残念ながら仏和辞典にはrayonnementに「広く行き渡らせること、普及させること」というような訳語は載っていません。近いものとしては「浸透、波及」などが見つかります。これを他動詞的に「浸透／波及させること」→「広めること」のように分かりやすく置き換えることができるようになれば、フランス語の解釈が楽になってきます。

第８章関連

フランス語は他動詞文を好み事態をダイナミックに表現することを見ました。もう少し範囲を広げてそのことを見てみましょう。

目的語に文相当の内容が来る例

フランス語では、(1) のように不定詞を従えた「誰か（何か）が〜する」という一つの文に相当する内容が目的語に来ることがあります。

(1) La forte chaleur nous a empêchés de profiter pleinement de cette randonnée.
(The extreme heat prevented us from fully enjoying that hike.)
「あまりに暑かったので私達は十分にそのハイキングを楽しめなかった」

(1) では文法的にはnous「私達」が目的語で、その後に不定詞がくるという構造になっていますが、意味の上では「私達が十分にそのハイキングを楽しむ」(nous profitons pleinement de cette randonnée) 全体が目的語であると考えることができます。

間接目的語を取る例

（1）と関連して以下の様に間接目的語と不定詞を従える構文もあります。

（2） L'entraînement a permis à Paul de gagner le match cette année.
（The training helped Paul to win the game this year.）
「練習をしたおかげでポールは今年の試合に勝つことができた」

（2）では（à）Paulはこの文の動詞permettreの間接目的語ですが、（1）と同様に不定詞部分の意味上の主語になっています。この文でも「ポールが今年の試合に勝つ」（Paul gagne le match cette année）全体がpermettre「可能にする」の目的語であると考えることができます。このように考えると（1）と（2）の構文の間に本質的な違いはなく、（2）のような構文も他動詞文の拡張と考えることができます。

動詞と無冠詞名詞が成句を形成している例

直接目的語はなくとも必ず前置詞＋名詞を必要とする間接他動詞文を本文では見ました。動詞と無冠詞名詞が一体化した以下のような例も他動詞文の延長で考えられます。

（3） Ce bruit m'a fait peur.
（That noise scared me.）
「その音にはびっくりしたよ」

（4） Ton cadeau lui a fait plaisir.
（Your gift made her happy.）
「君のプレゼントで彼女は喜んだよ」

（3）のfaire peur、（4）のfaire plaisirはそれぞれ〈動詞＋無冠詞名詞〉で「恐れさせる」「喜ばせる」という意味を表わす成句的な表現ですが、既に名詞が一つあって構文的には直接目的語のスロットが埋まっているので、対象となる人は間接目的語の形でしか文の中に表わすことはできません。しかし、faire peur

やfaire plaisirはいわば一体化して一つの（他）動詞のようになっています。そう考えるとfaire peurやfaire plaisirの場合は影響を受ける人が間接目的語になっていますが、本文中の（13）のintéresserや（14）のbouleverserと意味の上での構造はなんら変わることはないことになります。

第9章関連

再帰構文について少し面白い用法を紹介しておきます。

manger「食べる」、boire「飲む」、écouter「聴く」といった動詞は、普通フランス語では再帰構文にはなりません。しかし、実は話し言葉で再帰代名詞を伴なって用いられることがあるのです。

（1）　Il s'est mangé six tartes.
（He ate up six pies.）
「彼はタルトを六つも食べた」

（2）　Je vais m'écouter une petite symphonie.
（I'm just gonna listen to a symphony.）
「ちょっと交響曲でも聴こうかな」

本章では、再帰用法というのは結局自分の意志への働きかけであり、基本的には意図的な行為を表わすと述べました。つまり再帰用法における再帰代名詞というのは主体がよりその行為に積極的であることを表わしていると考えられます。詳しく説明する余裕はありませんが、（1）（2）でも動詞が表わす行為に対する主体の思い入れが含意されており、通常の行為よりもより積極性を持って捉えられていて、そこには「快楽充足的」とでも言うべきニュアンスが付け加わっているのです。

再帰構文についてはまだまだ興味深い話題があります。たとえば自発用法と受動用法の連続性の問題、受動用法の可能や規範、習慣といった意味の連続性その他話し出すと切りがありませんがこのあたりにしておきましょう。

第１０章関連

フランス語における仮想の移動としてsuivreの例を紹介しました。それ以外にもいろいろありますが、以下はその一部です。

(1)　Tous les chemins mènent à Rome.
(All roads lead to Rome.)
「すべての道はローマに通ず」

(2)　Il mène une vie triste.
(He leads a sad life.)
「彼は寂しい生活を送っている」

(3)　Cet escalier conduit à sa chambre.
(This stair leads to her room.)
「この階段を上れば彼女の部屋だ」

(4)　Cet échec l'a conduit à la retraite.
(This failure led him to the retirement.)
「この失敗のせいで彼は引退した」

(5)　Deux routes partent de la place de la mairie.
(Two roads leave from the town hall square.)
「市役所前広場から二本の道が始まっている」

(6)　Mon contrat part de mars.
(My contract starts from March.)
「私の契約は3月からだ」

menerは人が人や動物などを「導く、連れて行く」というのが原義ですが、(1) のように道などがどこかに「通じている」という意味や、(2) のように生活を「送っている」という意味でも使われます。どちらも仮想の移動のイメージから発展してきた使い方だと考えられます。conduireも必ず目的地点を示すという性格以外はmenerに似た意味を持つ動詞です。(3)が空間上の位置関係を、(4) が時間上の因果関係を表わしています。(4) では (3) の到達地点が「引退する」という結果状態に変わっているのですが、空間的移動（つまり場所の変化）は比喩的に状態変化へと拡張されるのです。ある場所を離れるという移動の意味のpartirが（5）では道に対して用いられています。さらに（6）ではそれが時間の領域に拡張されています。これらも仮想の移動とその拡張と考えられます。

第１１章関連

本章で見たçaの用法の広がりをもう少し見ておきましょう。

〈Ça＋動詞〉構文

本文の（19）－（23）のような用法がさらに発展したものとして次の様な用法もあります。これらの例でも主語のçaは指示的ではありません。

（1）　Attention ! Ça éclabousse !
　　　(Be careful! It splashes!)
　　　「気を付けて、（水／泥）が跳ねるよ」

（2）　Le vélo sous la pluie, ça mouille.
　　　(The bike under the rain, it'll make (you) wet.)
　　　「雨の中を自転車で走ってると濡れる」

（1）のéclabousserは本来は「車や人などが何かに水や泥を跳ねかける」という他動詞です（しかし例の文には目的語は書かれていません）。人に水が跳ねかかるという事態が今まさに自分の周りで起ころうとしていることを述べており、発話者も周りの人もいわばÇa éclabousse !という文が表わす事態の中に包み込まれている感じがします。映像で鯨が海面で跳ねて盛大な水しぶきが上がるのを見ている場合にもÇa éclabousse !と言うことができますが、その場合も水しぶきのすごさを身をもって体験しているような捉え方なのです。

（2）のmouillerも本来は「雨などが人や道などを濡らす」という他動詞です（この例でも目的語は書かれていません）。濡らす原因の雨もその中を自転車で走っている人もça mouilleという文が表わす事態の中に包み込まれているのです。

(1) や (2) のような文は、〈ça＋動詞〉という新しい構文と考えることができます。この構文では動詞が他動詞であっても一般に目的語は表わされません。またçaも動詞の主語を指示的に表わしているわけではないので、主語も目的語も〈ça＋動詞〉が表わす事態の中に包み込まれていると考えられます。本文中の (19) – (23) の例も含めていずれの場合も結果的に出来事や行為、つまり事態に焦点が当たり、その事態の程度の高さ（ひどさ）が前面に出てきます。この種のçaを主語に取る文は一般に感嘆のニュアンスを帯びています。

一般論や総称的な文

çaは一般論を述べる場合や総称的な文で、主語として用いられることがよくあります。主語になるものは左に遊離されて、それをçaが受ける形を取ります。(3) では人をçaで受けていますが、人を物と同列に扱うということで、マイナスイメージを伴なうこともよくあります。(4) は「牡蠣は生で食べられる」と可能の解釈もできますが、フランスの文化的文脈の中では社会慣習、規範の解釈が一般的です。

(3)　Les enfants ça crie, ça pleure.
(Children, that screams, that weeps.)
「子供というのはわめいたり泣いたりするものだ」

(4)　Les huîtres ça se mange cru.
(Oysters are eaten raw.)
「牡蠣は生で食べるものだ」

これらの文では文頭の「定冠詞複数形＋子供／牡蠣」を一度çaで受けてから文の形で一般論を述べています。çaで受けることで、子供というカテゴリー、牡蠣というカテゴリーについて述べていることが明示されるのです。つまりこのçaは具体的なものを指示しているのではなくカテゴリーを指しています。不特定多数の人を指すonの働きと近いものがあります。

第１２章関連

名詞が並んでいる時の同格句の例をもう一つ見ておきましょう。次の文は歴代の大統領の名前を挙げたものです。

(1) Charles de Gaulle (1958–1969), Georges Pompidou (1969–1974), Valéry Giscard d'Estaing (1974–1981), François Mitterrand (1981–1995), premier Président socialiste et, depuis mai 1995, Jacques Chirac.
「シャルル・ド・ゴール (1958–1969)、ジョルジュ・ポンピドゥー (1969–1974)、ヴァレリ・ジスカール＝デスタン (1974–1981)、社会党初の大統領フランソワ・ミッテラン (1981–1995)、そして1995年5月からジャック・シラック」

Chiracが大統領だった1990年代末に書かれたものですが、同格句であるpremier Président socialiste「社会党の最初の大統領」がかかるのはミッテランです。実際に大学生達にこの文を訳してもらうと、「ド・ゴール、ポンピドゥー、ジスカール＝デスタン、ミッテラン、そして1995年5月からは社会党の最初の大統領ジャック・シラック」のように訳した人が大勢いました。日本語話者には同格句の理解と、前から後ろを補足・限定していく日本語の構造から抜け出すことがともに難しいことを改めて感じました。もう一点、ここではA, B, C, D, (E) et Fと六つの要素が並んでいます。この中で同格句の (E) だけが普通名詞です。A, B et Cのような並列構造ではあくまでもA, B, Cは同じタイプの要素になります。ここから (E) はAやBの要素とは性質が違う同格句ではないかという予想ができます。(本文の例 (3) の「パリ、首都、リヨン、マルセイユ」の場合も「首都」だけが性質が違います。) また接続詞のetは最後の要素を導入するのですから、その前の (E) がFにかかることは絶対にないわけです。

同格句は固有名詞に続くことが多いのですが、普通名詞の場合もたくさんあります。

(2) Le dessert, des profiteroles au chocolat, nous a ravis.
(The dessert, chocolate profiteroles, delighted us.)

「デザートはチョコレートのプロフィットロールでみんな大喜びだった」

(3) Son chien, un vieux compagnon, le suivait partout.
(His dog, an old companion, followed him everywhere.)
「彼の犬は長年の仲間であり、どこにでも彼についてきた」

(4) *Les Misérables*, chef-d'œuvre unique, passionne toujours les lecteurs.
(*Les Misérables*, a unique masterpiece, still fascinates the readers.)
「『レ・ミゼラーブル』は本当に傑作で、読む人を今も夢中にさせる」

関係を表わす前置詞なしでカンマをはさんで名詞句が二つ続いている時は二つ目の名詞句はその前の名詞の同格句の可能性が高いと思って読むことです。

あとがき

このような本が出来上がった経緯について少し書いておきたいと思います。

私は大学で初習外国語としてのフランス語教育に携わると同時に、大学改革や教養部解体の流れの中で言語文化研究科という大学院研究科ができてからは認知言語学の授業を担当してきました。そして2017年3月に大学を定年退職しました。退職に当たっての最終講義では、フランス語について、大半がフランス語をほとんど知らない聴衆の方々にも分かっていただけるようなお話をしました。最終講義にはかつて院生として私の授業に出ていた人達もたくさん出席してくれていましたが、その中には日本語・日本語教育を専門とする岩田一成氏（聖心女子大学准教授）や日本語学が専門の岩男考哲氏（神戸市外国語大学准教授）の二人もいました。その岩田氏が最終講義の後の懇親会の席で、是非、最終講義のような話を本にして出しましょうと言ってくれました。私自身にも自分の考えてきたことを本にしたいという気持ちがあったので、背中を押されるような気持ちで聞いていました。それから暫くして岩田氏から、話を具体化するべく動きたいので見本の原稿を書いて欲しいと言われ、ある程度の長さの原稿を書きました。関東在住の岩田氏はその原稿と私が過去に雑誌に連載した原稿を持って出版社に当たってくれ、その結果、くろしお出版さんから前向きな返事をもらうことができました。ただ、もっぱらフランス語の話だけでは読者層が小さいので、日本語に興味がある人や、フランス語をあまり知らなくても外国語や言葉のことが好きな人達にも読んでもらえるような本にしようという方針になりました。私自身も常に日本語と比較しながらフランス語のことを考えてきたので、本文でもできるだけフランス語と日本語を対照しながら説明することを心がけました。また、日本語を専門とする岩男考哲氏の協力を得て、各章末の課題「考えよう」と数章ごとの「日本語からのふりかえり」を執筆してもらうことになりました。

大学院の私の認知言語学の授業に出席していた院生諸君の中でフランス語を研究対象とする人はむしろ希で、その多くが日本語、英語、中国語、韓国語などの言語を研究対象にする人達だったので、授業でフランス語のしくみに触れることはあってもフランス語の例を引くことは滅多にありませんでした。その経験はフランス語を知らない人達に言葉のしくみやその面白さについて語るという点では、今回の本を書くに当たってはおおいに役にたったのではないかと思います。岩田一成氏も岩男考哲氏もそんな私の大学院の授業に参加して、活発な議論で授業を盛り上げてくれていた人達です。

最終講義で話したことの一部は、第1部の直喩的命名と隠喩的命名の部分や第2部のçaについての話に反映されています。また第2部の話題の多くは、以前に白水社の雑誌『ふらんす』に連載したものをもとに大幅に加筆して再構成したものです。原稿は書いたものの、分量の関係でたとえばフランス語のオノマトペの話などばっさり割愛した話題もありますし、現代フランス語について是非紹介したかった興味深い話題もまだまだあります。また、たとえばクロワッサンの起源だとかちょっと息抜きになる文化的なコラムもいろいろと用意しましたが、残念ながら本文で言いたいことが多過ぎてそこまで載せる余裕はありませんでした。

第1稿の執筆に当たっては、直接あるいはメールでくろしお出版編集部の荻原典子さんからはいろいろと実際的なアドバイスをいただきました。さらに、この本がこのような形で出来上がるについては岩田一成氏の熱意と労力に負うところ、大変大きいものがあります。編集担当者が二人いたと言っても過言ではありません。出版社への打診に始まり、出版が決まってからは本の構成についての度重なる提案など、くろしお出版と私の間に立って岩田氏がこの本のために費やしてくれた時間数を思うと、彼が院生だった時代に指導教員としてそれに見合うだけのことをしていたのかいささか忸怩たる思いがあります。また「考えよう」と「日本語からのふりかえり」を担当してくれた岩男考哲氏も、忙しい中を何度も変更のあった私の本文に合わせて調整を重ねながらいろいろと考えてくれたおかげで、この本が読者の方々にとって読み通すだけの本ではなく、新たにいろいろと考えてみるきっかけを得ることができる本になったのではないかと思います。

大学院研究科ができてから退職までの30年近くの間、言語学の授業においてたくさんの熱心で優秀な院生の人達と、いろいろな言葉や言語現象について考え議論し合った楽しかった日々を思い出しつつ、このあとがきを終えたいと思います。

2020年8月
春木　仁孝

春木仁孝（はるき　よしたか）

大阪大学名誉教授。大阪大学大学院文学研究科博士課程中途退学、ストラスブール第2大学DEA修了、パリ第4大学博士課程修了。第3課程博士（フランス言語学）。専門：言語学・フランス語学。
主要編著書：『ロワイヤル仏和中辞典』（共編、旺文社）、『プチ・ロワイヤル仏和辞典』（共編、旺文社）、『フランス語とはどういう言語か』（1993年、共著、駿河台出版社）、『フランス語へのかけ橋』（1994年、白水社）、『フランス語学研究の現在』（2005年、共著、白水社）、『フランス文法　かたちとしくみ』（2009年、白水社）、『フランス語学の最前線1～4』（2012～2016年、共著、ひつじ書房）

岩男考哲（いわお　たかのり）

大阪大学大学院言語文化研究科博士後期課程修了。博士（言語文化学）。現在、神戸市外国語大学准教授。専門：言語学・日本語学。
主要著書：『引用形式を含む文の諸相』（2019年、単著、くろしお出版）、『名詞研究のこれまでとこれから』（2021年、共著、くろしお出版）
主要論文：「引用形式由来の提題標識の働き」（『名詞類の文法』くろしお出版）、「複合辞「というと」の接続表現的用法について」（『日本語文法』16-1）、「「ときたら」構文の意味と主題」（『日本語文法』14-2）

フランス語の発想—日本語の発想との比較を通して—

2021年12月22日　　初版第1刷発行

著　者　　春木仁孝・岩男考哲

発行人　　岡野秀夫

発　行　　株式会社　くろしお出版

〒102-0084　東京都千代田区二番町4-3
TEL：03-6261-2867　FAX：03-6261-2879　WEB：www.9640.jp

イラスト　　須山奈津希（ぽるか）

装丁・本文デザイン　　庄子結香（カレラ）

印刷所　　藤原印刷株式会社

ISBN 978-4-87424-876-8　C1085